À plus!

Nouvelle édition

1

Carnet d'activités Junior 1

Mit Förderheft

Lehrerfassung

Cornelsen

À plus! 1 *Nouvelle édition*
Carnet d'activités Junior 1

Im Auftrag des Verlages erarbeitet von: Catherine Mann-Grabowski, Gertraud Gregor, Catherine Jorißen
Projektleitung: Julia Goltz
Redaktion Französisch: Vanessa Cousin, Almut Keller, Marie-France Lavielle, Aïsha Hellberg (Assistenz)
Bildassistenz: Nadja Hantschel, Christiane Ulrich
Umschlaggestaltung und Layoutkonzept: werkstatt für gebrauchsgrafik, Berlin
Layout und technische Umsetzung: graphitecture book, Rosenheim
Illustrationen: Laurent Lalo, Yayo Kawamura, Christian Badel, Berlin
Tonaufnahmen: Eurodvd, Paris; MK Audio, Berlin; Sören Schrader, Berlin
Filmproduktion: buzz productions, Paris, im Auftrag des Verlages

Bildquellen
© colourbox: S. 20 (2 sacs pour câbles) – © Cornelsen Verlagsarchiv: S. 68 (unten links); Denimal/Uzel: S. 7 (oben, unten links, Mitte, rechts); S. 15 (oben, Mitte, unten); S. 36 (links, rechts); S. 48 (oben links, oben rechts); Schulze: S. 13 (8) – © Fotolia.com: S. 13 (1, 5); S. 68 (rechts); Andres Rodriguez: S. 53 (5. von oben); bryanjhall: S. 64 (4B); carmeta: S. 64 (3A); Eric Isselée: S. 53 (2. von oben); Fotoimpressionen: S. 43 (B); Mellimage: S. 43 (E); Olivier Beraud: S. 43 (H); Peter Atkins: S. 64 (2C); porkiepie: S. 43 (G); Sascha Burkard: S. 53 (6. von oben); Sergey Ivanov: S. 53 (3. von oben); Siberia: S. 53 (1. von oben); Simone van den Berg: S. 53 (4. von oben); The Dragon: S. 43 (J) – © iStockphoto: S. 48 (2, 3); S. 72 (rechts); anton albert: S. 52; Garrett Nudd: S. 43 (unten rechts); Mike Dabell: S. 43; Olga Ivanova: S. 43 (I); Pavel Timofeyev: S. 43 (unten links) – © panthermedia.net/Bernd Kunst: S. 43 (D); Design Pics: S. 64 (1B) – © shutterstock: S. 68 (Mitte links); Adadurov: S. 64 (2A); Benis Arapovic: S. 56 (oben); CLS Design: S. 64 (2B); dotshock: S. 64 (4A); dr OX: S. 43 (A); Elena Elisseeva: S. 43 (F); Little_Desire: S. 64 (3C); Isantilli: S. 64 (4C); Patrik Mezirka: S. 64 (3B); PhotoSky 4t com: S. 64 (1A); Sergios: S. 64 (1C) © Alamy: S. 68 (links oben) – © ALIMDI.NET/uwe umstaetter: S. 48 (4) – © Collection Christophel: S. 56 (Mitte) – © Corbis/Philippe Caron/Sygma: S. 13 (3) – © Inter IKEA Systems B.V.: S. 20 (lampe de table, table, range-revues, rangement accessoires bureau, pêle-mêle 7 photos) – © La Montagne des Singes: S. 73 – © mauritius images: S. 48 (1); age: S. 13 (2); Alamy: S. 87; Enzinger: S. 13 (6); imagebroker/Niehoff: S. 72 (links); Photononstop: S. 13 (4) – © Service Photo de la Mairie de la Ville de Levallois: S. 13 (7)
Illustration: © Bayard Presse S.A.: S. 28

Symbole und Verweise

- CD 2 – Hörtext auf der CD-Extra (z. B. Track 2)
- DVD 3 – Film auf der DVD (z. B. Filmsequenz 3)
- Partnerarbeit
- Gruppenarbeit
- Sprachmittlungsübung
- Schriftliche Übung
- PF – Portfolio
- *Differenzierung:* leichtere Übung / anspruchsvollere Übung
- ▶ Verweise auf das Lehrbuch

www.cornelsen.de

1. Auflage, 1. Druck 2013

Alle Drucke dieser Auflage sind inhaltlich unverändert und können nebeneinander verwendet werden.

Druck: Stürtz GmbH, Würzburg

CD-/DVD-Produktion: optimal media GmbH

Schülerheft:
ISBN 978-3-06-520151-3

Lehrerfassung:
ISBN 978-3-06-520154-4

Inhalt gedruckt auf säurefreiem Papier aus nachhaltiger Forstwirtschaft.

Salut! Ich heiße Filou und begleite dich durch dein Arbeitsheft.

QU'EST-CE QUE TU SAIS DÉJÀ? facultatif — Nur für Schüler/innen mit Vorkenntnissen Französisch

LA RENTRÉE

CD 2 1 Qu'est-ce qui va ensemble? Écoute et relie. | Weißt du, wie diese Gegenstände heißen? Hör zu und verbinde jeden Gegenstand mit dem passenden Wort.

Du hast bereits in der Grundschule Französisch gelernt? Dann bist du hier richtig! Löse die Aufgaben und zeige, was du schon kannst.
Qu'est-ce que tu sais déjà? heißt „Was weißt Du schon?"

Unité 1 La rentrée

VOLET 1

Écouter et comprendre

CD 3 1 Hör zu und suche zu jedem Dialog das passende Bild. Schreibe die Nummer des Dialogs in das Bild.

Hier bearbeitest du weitere Übungen passend zum Lehrbuch.
Unité 1 heißt „Kapitel 1" oder „Lektion 1"

Écouter et comprendre

CD

Die Hörtracks findest du auf der CD-Extra hinten im Arbeitsheft (z. B. Track 2). Dort findest du außerdem alle Lehrbuchtexte (*Unités* und *Modules*) zum Anhören im mp3-Format. So kannst du wiederholen, was ihr im Unterricht gehört und gelesen habt.
Écouter et comprendre heißt „Hören und Verstehen".

Regarder et comprendre

DVD

Die Filmsequenzen findest du auf der DVD hinten im Arbeitsheft (z. B. Filmsequenz 3).
Regarder et comprendre heißt „Sehen und Verstehen".

FAIS LE POINT

Hier kannst du am Ende jeder Unité selbstständig überprüfen, was du gelernt hast und ob alles schon richtig sitzt. *Fais le point* heißt „Überprüfe dich".

Annexe

Solutions Fais le point

Die Lösungen der *Fais le point*-Seiten findest du auf den Seiten 80-83.
Solutions heißt „Lösungen"

1

Unité 1

1 Qu'est-ce qu'on dit?
Ordne zu und schreibe die Sätze auf.

1 Salut, Alex! Bonjour, Madame!

Es ist noch nicht alles richtig? Übe weiter! Förderübungen findest du im eingelegten Extraheft. Die Lösungen dazu sind auch auf deiner CD-Extra.

Was kann ich?

Hören

Ich kann ...

Altersangaben (bis 20) und Uhrzeiten (volle Stunden) verstehen.
Fragen über mich, meine Familie, meine Freunde, mein Zimmer, unsere Wohnung und meine Hobbys verstehen.
ein einfaches Gespräch (über Familie, Haustiere, Zimmer, Wohnung, Hobbys) verstehen.
die Anweisungen meines Lehrers / meiner Lehrerin im Unterricht verstehen.
verstehen, wenn sich jemand mit mir am Telefon verabreden möchte.

Wie lerne ich?

So erschließe ich mir neue Wörter

ob ich ein ähnliches Wort schon in einer anderen Sprache kenne.
ob Bilder und Fotos mir helfen können, das Wort zu verstehen.

Am Ende des Schuljahres kannst du auf den Seiten 85–87 selbstständig überprüfen, was du in diesem Jahr alles gelernt hast.

Viel Erfolg beim Französischlernen – und viel Spaß!

Nur für Schüler/innen mit Vorkenntnissen Französisch

LA RENTRÉE

CD 2 **1** Qu'est-ce qui va ensemble? Écoute et relie. | Weißt du, wie diese Gegenstände heißen? Hör zu und verbinde jeden Gegenstand mit dem passenden Wort.

1. la fenêtre 2. la porte 3. le tableau 4. la table 5. la chaise 6. la trousse 7. le crayon

8. le stylo 9. la gomme 10. les ciseaux 11. la règle 12. le livre 13. le cahier 14. le sac à dos

CD 3 **2** Qu'est-ce qu'il y a dans la salle de classe de Léo? Écoute et coche. | Was gibt es in Léos Klassenraum? Hör zu und kreuze an. Achtung, vier Bilder sind zu viel!

3 a Qu'est-ce qui va ensemble? Relie. | Welches Nomen reimt sich mit welchem Namen? Sprich die Wörter laut aus und ordne jedem Kind das passende Nomen zu.

a le stylo b la colle c le cahier d le crayon

CD 4 b Écoute et compare. | Hör zu und überprüfe deine Lösung aus a.

CD 5 **4** Écoute et trouve les mots. | Hör zu und finde die neun Wörter. Markiere sie und schreibe sie auf.

X	Ç	A	D	I	S	N	O	P	I	G	E
A	É	L	È	V	E	S	G	T	L	A	X
P	I	O	C	H	A	U	C	O	U	R	V
M	U	F	I	L	L	E	N	A	F	Ç	O
H	P	B	U	S	X	O	L	L	T	O	R
I	R	É	C	R	É	A	T	I	O	N	G
U	O	X	B	A	C	O	G	H	E	P	A
S	F	R	A	N	O	T	È	P	S	U	M
R	V	U	R	C	L	A	S	S	E	F	I
B	I	C	H	X	E	V	P	A	S	M	Q

(une) école, (une) cour, (un) prof, (des) élèves,

(une) classe, (un) garçon, (une) fille, (une) récréation,

(un) ami

CD 6 **5** Écoute et retrouve l'ordre des images. | Schau dir die Bilder an und hör zu. Finde die Reihenfolge der Bilder wieder und notiere die entsprechende Zahl (1, 2, 3 oder 4).

A 3

B 1

C 4

D 2

CD 7 **6** Écoute et complète les phrases. | Hör zu und ergänze die Sätze. Schreibe in die Backformen hinein.

1  Bonjour! Je suis Alex.

2  Voilà Marie.

3  Salut! Moi, c'est Léo.

4  Bonjour! Je m'appelle Sophie.

7 Présente-toi à ton/ta partenaire. | Stell dich deinem Lernpartner / deiner Lernpartnerin vor. Sage, wer du bist, wie alt du bist, in welche Klasse du gehst, wie dein neuer Lehrer / deine neue Lehrerin heißt und wer dein Freund / deine Freundin ist.

8 Quels mots est-ce que tu connais encore? | Welche Wörter kennst du noch? Lege alles, was du in deinem Rucksack und deiner Federtasche auf Französisch benennen kannst, auf den Tisch und stell es auf Französisch vor.

VOLET 1

Écouter et comprendre

CD 8 **1** Hör zu und suche zu jedem Dialog das passende Bild. Schreibe die Nummer des Dialogs in das Bild.

Écrire

2 Welches Wort passt in welche Backform? Achte darauf, ob die Buchstaben nach oben oder nach unten herausragen, und ob es Punkte oder Akzente auf den Buchstaben gibt. Schreibe dann das Wort in die entsprechende Backform hinein.

ça va ~~bof~~ super au revoir bonjour à demain

1. bof
2. à demain
3. super
4. ça va
5. au revoir
6. bonjour

3 Sépare les mots et écris les dialogues. | Trenne die Wörter voneinander und schreibe die Dialoge auf. Denke an die Satzzeichen.

A SALUTJADEÇAVASUPERETTOI

Noah: Salut, Jade! Ça va?

Jade: Super! Et toi?

B AUREVOIRMADAMEÀDEMAINJADE

Jade: Au revoir, Madame.

La prof: À demain, Jade.

4 Et toi, ça va? Réponds. | Und wie geht's dir? Schreibe deine Antwort in die Sprechblase.

Salut, ça va?

Bof. / Super! / Ça va.

Regarder et comprendre

DVD 1 **5** **a** Regarde la séquence. Coche la bonne réponse. | Schau dir die Sequenz an. Begrüßen oder verabschieden sich die Personen in den Szenen? Kreuze an.

	Szene 1	Szene 2	Szene 3	Szene 4	Szene 5	Szene 6	Szene 7
Begrüßung	X	X		X		X	X
Verabschiedung			X		X		

DVD 1 **b** Regarde la séquence encore une fois. Coche la bonne réponse. | Schau dir die Sequenz noch einmal an. Kreuze die richtige Antwort an.

1. Der Name der Schule lautet

a ☐ Maxime Alexandre
b ☒ Pierre Mendès France
c ☐ Marie-Laurine

2. Welche Flaggen erkennst du in der Sequenz?

a ☒ 
c ☐ 
b ☒ 
d ☐ 

DVD 1 **c** Complète. | Ergänze. Was antworten die Jugendlichen auf die Frage „Ça va"?

Super! Ça va. Bof.

Laurine: Super!

Nicolas: Ça va.

Anissa: Bof.

VOLET 2

Lire et comprendre

1 Retrouve les deux dialogues et écris-les dans ton cahier. | Stelle die zwei Dialoge wieder her und schreibe sie in dein Heft.

Dialogue A

- Non, je suis de Berlin. Et toi? 4
- Je m'appelle Jan. 2
- Bonjour, je m'appelle Gabriel, et toi? 1
- Moi, je suis de Paris. 5
- Tu es de Strasbourg? 3

Dialogue B

- Je m'appelle Carine. 2
- Oh, pardon! 3
- Non, je m'appelle Carlos. Je suis de Madrid. 5
- Et toi, tu t'appelles Carl, non? 4
- Bonjour, Marine. 1

Écouter et comprendre

CD 9 **2** Woher kommen die Schüler? Hör zu und schreibe die richtigen Orte auf die Schilder.

a Berlin **b** Hambourg **c** Lille **d** Lyon **e** Paris **f** Strasbourg

Vocabulaire

3 Complète. | Löse das Kreuzworträtsel und finde das Lösungswort.

1. C'est la **1**. Voilà la **2** de sixième A. Et voilà Monsieur Martel, le **3** de **4**.
2. – Bonjour, Lara.
   – Je m'**5** Clara. Clara **6** un C.
   – Ah, **7**!

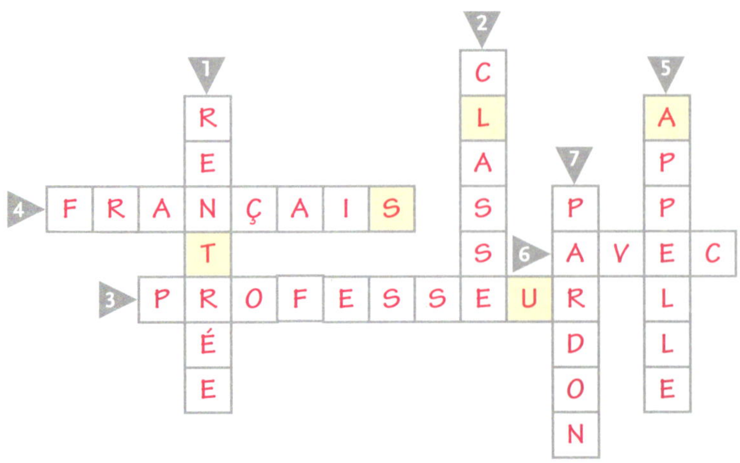

Lösungswort: S A L U T, Clara.

Grammaire

4 **Complète.** | **Setze die richtigen Pronomen vor die Verbformen.**

1. – C'est Lukas.

   – ___Il___ est de Strasbourg?

   – Non, ___il___ est de Berlin.

2. – Léa est de Paris?

   – Non, ___elle___ est de Lille.

3. – ___Tu___ t'appelles Lola?

   – Non, ___je___ m'appelle Laura.

5 **Complète.** | **Ergänze mit den richtigen Formen von *être*.** **(▶ Repères, p. 23/2)**

1. – Salut, je m'appelle Clara et je ___suis___ de Strasbourg. Et toi, tu ___es___ de Strasbourg?
2. – Non, je ___suis___ de Colmar. Et Lukas?
3. – Il ___est___ de Berlin.
4. – Et là, c' ___est___ Yasmine. Elle ___est___ de Strasbourg!

Écrire

6 **a** **Mais qu'est-ce qu'ils disent? Retrouve les phrases et complète les dialogues.** | **Finde die Sätze wieder und ergänze die Dialoge.**

1: Je m'appelle Lisa Klamand, Monsieur.

2: Klamandt avec DT, non?

3: Ah, pardon!

4: Je suis de Berlin.

b **Compare avec ton/ta partenaire et jouez la scène.** | **Überprüft eure Lösungen und spielt die Szene aus a.**

7 Complète les dialogues. | Vervollständige die Dialoge.

8 Écris le dialogue. | Schreibe den Dialog in dein Heft.

1. Du begrüßt eine neue Schülerin auf dem Schulhof und fragst sie, wie es ihr geht. → Sie begrüßt dich und antwortet.
2. Du fragst sie, ob sie Lora heißt. → Sie verneint und sagt, sie heißt Nora mit einem N.
3. Du sagst, wie du heißt und verabschiedest dich. → Sie verabschiedet sich auch.

Découvrir les lettres et les sons

CD 10

9 a Écoute et lis le poème. | Hör zu und lies das Gedicht leise mit.

Salut, c'est moi!

C'est toi, François?

Non, c'est moi, Benoît.

Ah, salut, Benoît!

CD 11

b Écoute et retrouve l'ordre du poème. | Hör dir auch dieses Gedicht an und finde die Reihenfolge wieder. Nummeriere die Sprechblasen in der Reihenfolge, die du hörst.

- À demain, Romain! 6
- Et toi, Benoît? 4
- Ça va, Éva? 2
- Ça va, ça va ... 5
- Salut, Lulu! 1
- Super, Yasser! 3
- Salut, Manu! 7

VOLET 3

Lire et comprendre

1 a **Vrai ou faux? | Richtig oder falsch? Lies den Text und kreuze die richtige Antwort an.**

Salut Momo!

Ça va à Paris? C'est la rentrée à Strasbourg et c'est super! Karim, Jade et moi, on est ensemble en cinquième. Yasmine est en sixième. Elle est super cool! Le prof de français, bof, ça va. Il est nouveau à l'école. Et toi, la rentrée?

À plus! Noah

	vrai	faux
1. Momo ist in Straßburg.	☐	X
2. Karims Französischlehrer ist neu in der Schule.	X	☐
3. Noah ist in Yasmines Klasse.	☐	X
4. Jade und Yasmine sind zusammen in der *sixième*.	☐	X
5. Der Französischlehrer ist supercool.	☐	X

b **Corrige les phrases fausses dans ton cahier. | Korrigiere die falschen Sätze in deinem Heft.**

Écouter et comprendre

CD 12 **2** **Écoute et regarde les images. | Hör zu, schau dir die Bilder an und notiere zu jeder Situation den entsprechenden Buchstaben (A–F).**

1 E

2 A

3 B

4 F

5 C

6 D

Grammaire

3 a Écris les mots avec l'article défini. | Schreibe die folgenden Nomen mit dem bestimmten Artikel *le*, *la* oder *l'* auf die richtige Karteikarte. Schreibe männliche Wörter *blau* und weibliche Wörter *rot*. Zwei Nomen passen auf beide Karteikarten!

	♂	♀
classe rentrée professeur école garçon fille récréation élève surveillant cour ami amie sixième	le professeur, le garçon, l'élève, le surveillant, l'ami	la classe, la rentrée, la professeur, l'école, la fille, la récréation, l'élève, la cour, l'amie, la sixième

b Complète. | Ergänze die Sätze mit den richtigen Artikeln.

1. Le garçon, c'est qui? Et la fille, c'est qui?
2. Yasmine et Clara sont dans la cour.
3. Clara est l' amie de Yasmine.
4. Lukas est nouveau à l' école.
5. Il est dans la classe de Clara.
6. Noah est l' ami de Karim.

CD 13

4 Singulier ou pluriel? | Singular oder Plural? Hör zu und notiere die korrekte Form.

1. le surveillant___
2. les professeurs
3. les élèves
4. la classe___
5. Voilà Clara et Lara. Elles sont en sixième.
6. Voilà Maxime. Il est à l' école___, à Strasbourg.
7. Les deux garçons là, ils sont en cinquième?
8. Voilà Madame Lalère. Elle est nouvelle.

5 Complète. | Ergänze die Sätze mit den Formen von *être*. (▶ Repères, p. 23/2)

1. – Salut, tu es à l'école «Maxime Alexandre»?
   – Oui. Et je suis en 6ᵉ.
2. – Bonjour. Vous êtes Monsieur Duval?
   – Non, je suis Monsieur Moulin.
3. – Bonjour, vous êtes les élèves de la 5ᵉ A?
   – Non, nous sommes en 5ᵉ B.

Vocabulaire

6 Trouve les douze mots. | Finde die zwölf versteckten Nomen, die alle mit Schule zu tun haben, und schreibe sie mit dem bestimmten Artikel auf. (▶ Liste des mots, p. 180)

S	U	R	V	E	I	L	L	A	N	T
I	M	É	M	S	O	R	G	I	O	C
C	O	C	A	T	F	I	A	M	F	I
L	S	R	U	L	I	P	R	I	R	N
A	I	É	C	O	L	E	Ç	R	A	Q
S	X	A	I	D	L	U	O	T	N	U
S	I	T	X	U	E	I	N	A	Ç	I
E	È	I	É	L	È	V	E	H	A	È
A	M	O	D	I	C	O	U	R	I	M
R	E	N	T	R	É	E	B	A	S	E

le surveillant
l'école
l'élève
la cour
la rentrée
la cinquième
la classe
la sixième
la récréation
le garçon
la fille
le français

Apprendre à apprendre

7 Trouve le mot français. | Schreibe unter die Fotos das passende französische Wort. (▶ Méthodes, p. 166/18)

le bus le cinéma
l'hôtel le parc
le café le supermarché
le tee-shirt le téléphone

1

le téléphone

2

le parc

3

le cinéma

4

le bus

5

le tee-shirt

6

le café

7

l'hôtel

8

le supermarché

Parler

8 **Fais le tandem avec ton/ta partenaire. | So arbeitet ihr mit einem Tandembogen:**

- Legt fest, wer *Partenaire A* und wer *Partenaire B* ist.
- *Partenaire A* deckt die rechte Spalte ab, *Partenaire B* die linke Spalte.
- *Partenaire A* liest in seiner/ihrer Spalte (links) den Satz A vor. *Partenaire B* vervollständigt den Satz B mit Hilfe des Bildes in seiner/ihrer Spalte (rechts).
- *Partenaire A* hilft oder korrigiert, wenn es nötig ist.
- Dann liest *Partenaire B* den nächsten Satz in seiner/ihrer Spalte vor und A vervollständigt ihn mit Hilfe des Bildes in seiner/ihrer Spalte.
- Nach einem Durchgang tauscht ihr die Rollen.

Tipp: In die freien Felder unten auf der Seite schreibt ihr ein selbst ausgedachtes Beispiel.

Partenaire A

1. **A:** Le garçon, c'est qui?
   (**B:** C'est Lukas.)

2. (**B:** La fille, c'est qui?)
   A: 

3. **A:** Le garçon, c'est qui?
   (**B:** C'est Théo.)

4. (**B:** La fille, c'est qui?)
   A: 

5. **A:** Le garçon, c'est qui?
   (**B:** C'est Noah.)

6. (**B:** Le monsieur, c'est qui?)
   A: 

7. **A:** (Individuelle Lösungen)
   (**B:** ____________________)

Partenaire B

1. (**A:** Le garçon, c'est qui?)
   B: 

2. **B:** La fille, c'est qui?
   (**A:** C'est Yasmine.)

3. (**A:** Le garçon, c'est qui?)
   B: 

4. **B:** La fille, c'est qui?
   (**A:** C'est Clara.)

5. (**A:** Le garçon, c'est qui?)
   B: 

6. **B:** Le monsieur, c'est qui?
   (**A:** C'est Monsieur Martel.)

7. (**A:** ____________________)
   B: ____________________

Regarder et comprendre

DVD 2 **9** C'est qui? Regarde la séquence et présente les trois jeunes. | Schau dir die Sequenz an. Stell die drei Jugendlichen vor.

Il s'appelle Robin Teissier. Il est en 6ᵉ B.

C'est Anissa. Elle est en 5ᵉ B et elle est dans la classe de Maxime.

Il s'appelle Maxime. Il est dans la classe d'Anissa, alors il est aussi en 5ᵉ B.

Écrire

10 Ajoute les accents. | Alle Akzente fehlen. Füge sie hinzu.

11 *ou* [u] ou *u* [y]? Complète. | Ergänze die fehlenden Buchstaben.

1. – Bonj__ou__r, bonj__ou__r!
2. – V__ou__s êtes dans la c__ou__r?
3. – Sal__u__t! Ça va?
4. – S__u__per et toi?

12 a Karim hat sich einen Spaß gemacht und dir eine verschlüsselte E-Mail geschickt. Entschlüssele sie und schreibe sie auf.

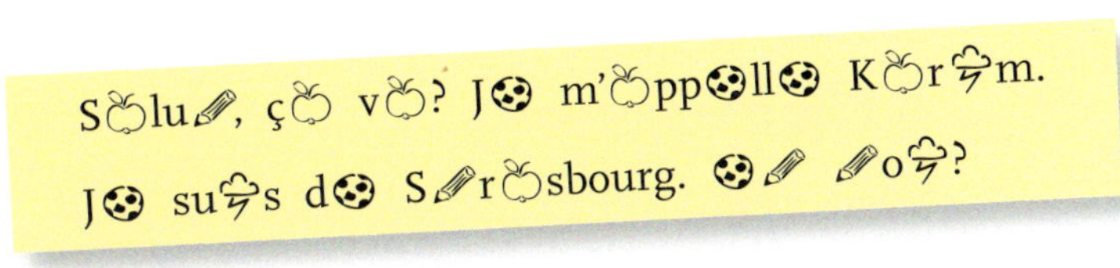

Salut, ça va? Je m'appelle Karim.

Je suis de Strasbourg. Et toi?

b Réponds. | Antworte Karim. Schreibe eine verschlüsselte Botschaft. Du kannst dir auch selbst einen Code ausdenken.

Wenn du den französischen Namen für deinen Wohnort nicht weißt, frage deinen Lehrer / deine Lehrerin.

Salut, Karim! Ça va super! Moi, je m'appelle Maximilian. Je suis de Leipzig.

À plus! Max

13

Retrouve l'ordre des bulles et écris les dialogues. | Finde die Reihenfolge der Sprechblasen wieder und nummeriere sie. Schreibe die Dialoge dann in dein Heft.

1

2

14

Retrouve les questions. | Finde passende Fragen zu den vorgegebenen Antworten. Es gibt mehrere Möglichkeiten!

1. Tu es aussi en sixième A? Non, je suis en sixième B.
2. Karim, c'est qui? C'est l'ami de Noah.
3. Tu t'appelles comment? Je m'appelle Kristelle.
4. Salut, ça va? Super. Et toi?
5. Noah et Karim sont en sixième? Non, ils sont en cinquième.
6. Le prof, là, c'est qui? C'est Monsieur Martel, le professeur de français.

MA PAGE

C'EST MOI!

Présente-toi. | **Stell dich vor. Gestalte einen Steckbrief mit allen Informationen, die du schon auf Französisch sagen kannst. Verwende Fotos und schreibe kleine Texte dazu. Deinen Steckbrief kannst du für die *Tâche B* im Buch, S. 21, verwenden.**

classe?

professeur?

ami/e?

nom?

école?

–

Hier kannst du überprüfen, ob du die Redewendungen, die Vokabeln und die Grammatik der *Unité 1* beherrschst. Löse die folgenden Aufgaben ohne Hilfen und überprüfe deine Ergebnisse auf S. 80.

1 Qu'est-ce qu'on dit?

a Du bist in Straßburg an einer Schule.

1. Du begrüßt deinen Lehrer / deine Lehrerin.

____

____

2. Du stellst dich vor.

____

3. Du sagst, woher du kommst.

____

4. Du sagst, dass du neu in Straßburg bist.

____

____

5. Der Lehrer fragt dich etwas und du antwortest: „Ich weiß nicht."

____

b In der Pause unterhältst du dich mit einem Schüler auf dem Schulhof.

1. Du fragst ihn, wie er heißt.

____

____

2. Du fragst ihn, wie es ihm geht.

____

____

3. Du fragst ihn, ob er aus Straßburg kommt.

____

____

4. Du fragst ihn, ob er in die *sixième A* geht.

____

____

2 Wortschatz / Der bestimmte Artikel

Finde die Nomen in der Schlange wieder und schreibe sie mit dem bestimmten Artikel im Singular oder im Plural auf.

1. ______________________
2. ______________________
3. ______________________
4. ______________________
5. ______________________
6. ______________________

7. ______________________

8. ______________________

9. ______________________

10. ______________________

11. ______________________

12. ______________________

3 Das Verb *être*

Complète.

4 Das Personalpronomen

Complète. | **Ergänze. Verwende die Personalpronomen** *(je, tu, il, elle, ...)*.

1. – ________ t'appelles Simon?
   – Non, ________ m'appelle Samuel.
2. – Noah est dans la classe de Yasmine?
   – Non, ________ est dans la classe de Jade.
3. – Et Clara?
   – ________ est dans la classe de Yasmine.
4. – Clara et Yasmine sont en sixième?
   – Oui, ________ sont en sixième A.
5. – Et Théo et Lukas?
   – ________ sont aussi en sixième A.
6. – Noah et Jade sont avec Karim?
   – Oui, ________ sont ensemble en cinquième B.

Solutions, p. 80

LE FRANÇAIS EN CLASSE (1)

1 a Surligne. | Markiere alle Wörter auf dieser Seite eines Möbelhauskatalogs, die du kennst oder erschließen kannst.

b Écris les mots. | Übertrage die Tabelle in dein Heft. Schreibe dann die Wörter aus a mit ihrer deutschen Bedeutung in die Tabelle. Erkläre auch, warum du die Wörter verstehst. (▶ Méthodes, p. 166/18)

Französisches Wort	Bedeutung im Deutschen	Wieso kann ich es verstehen?
la table	der Tisch	englisch: the table

2 Compare avec ton/ta partenaire. | Vergleicht zu zweit eure Lösungen aus 1b. Stellt euch gegenseitig eure Wörter vor und erklärt, wieso ihr sie versteht.

CD 14

3 Écoutez. | Hört euch die Dialoge im Französischunterricht an und lest die Sätze und Fragen oben leise mit. Dann bearbeitet zu zweit die Aufgaben a–d.

a A fragt, wie „Goldfisch" auf Französisch heißt. B sagt, dass er/sie es nicht weiß.

b Fragt und sagt euch gegenseitig, wie folgende Wörter auf Französisch heißen. Bildet ganze Sätze. Wechselt euch ab:

1. Schulhof 2. Junge 3. Lehrerin 4. Schule

Comment est-ce qu'on dit «Schulhof» en français?

c B fragt, wie man „copain" schreibt. A antwortet.

d Fragt und sagt euch gegenseitig, wie man folgende Wörter schreibt. Bildet ganze Sätze. Wechselt euch ab:

1. prof 2. pas mal 3. pardon 4. alors

Comment est-ce qu'on écrit «prof»?

PF

4 Fais une liste. | Lege eine Liste mit wichtigen Sätzen für den Französischunterricht an.

L'ALPHABET

CD 15

1 a Écoute la chanson de l'alphabet et complète-la par d'autres prénoms. | Hör dir das Lied vom Alphabet (Buch, S. 26) an und ergänze es dann mit diesen Vornamen:

Emmanuel | Chloé | Timo | Ahmed | Lucie | Aleph | Claire

Chanson de l'aphabet

A B C – D E F!	D E F, bonjour, Aleph!
D E F – G H I!	G H I, ça va, Lucie?
G H I – J K L!	J K L, ça va, Emmanuel!
J K L – M N O!	M N O, voilà Timo!
M N O – P Q R!	P Q R, et voilà Claire!
P Q R – S T U!	S T U, salut, salut!
S T U – V W!	V W salut, Chloé!
Et puis X Y et Z!	X Y Z Au revoir, Ahmed!

CD 16

b Chantez votre chanson de a. | Singt eurer Lied aus a.

2 Retrouve les signes et surligne-les. | Finde die Zeichen im blauen Kasten in den Sprechblasen wieder und markiere sie.

Das Zeichen ' heißt „apostrophe".
Der Buchstabe é heißt „e accent aigu".
Der Buchstabe è heißt „e accent grave".
Den Buchstaben ç nennt man „c cédille".

CD 17 **3** Écoute. | Wann hörst du ein [k], wann ein [s]? Schreibe die Wörter in die richtige Spalte.

français · la cantine · le garçon · le collège · ça va · le cinéma · Océane

[k]	[s]
la cantine	français
le collège	le garçon
	ça va
	le cinéma
	Océane

4 Comment est-ce qu'on écrit ...? | Verteilt die Rollen. Wer ist A? Wer ist B? Schlagt dann nur eure Wörter im Buch auf S. 178 nach. Wie schreibt man sie auf Französisch? Buchstabiert sie euch gegenseitig mit dem bestimmten Artikel. (▶ Banques de mots, p. 178)

5 Tu t'appelles comment? | Fragt euch nach euren Vor- und Nachnamen. Buchstabiert sie euch gegenseitig.

1. Tu t'appelles comment?
2. Tanja Blomeier.
3. Comment est-ce qu'on écrit Blomeier?
4. B-L-O-M-E-I-E-R.

ä = ae
ö = oe
ü = ue

Nur für Schüler/innen mit Vorkenntnissen Französisch

À LA MAISON

CD 18

1 Dans la chambre de Jade. Écoute et relie. | Hör zu und ordne jedem Gegenstand in Jades Zimmer das passende Wort zu. Schreibe die Nummern der Wörter in die Kästchen auf dem Bild.

1. un lit
2. une table
3. une chaise
4. une armoire

5. une étagère
6. une peluche
7. une lampe (2 x)
8. un poster

CD 19

2 **a** Écoute et coche la chambre de Noah. | Hör zu und schau dir die Bilder an. Welches ist Noahs Zimmer? Kreuze an.

1 ☐

2 ☒

b Et dans ta chambre, qu'est-ce qu'il y a? Raconte. | Und was gibt es in deinem Zimmer? Erzähle.

3 Complète les mots. | Ergänze die Wörter mit den fehlenden Vokalen.

a e i a e é o u e o ê i a
o é i u i a e o u e i o

 1. la t_é_l_é_

 2. l'_o_rd_i_n_a_t_e_ _u_r

 3. le f_a_ _u_t_e_ _u_ _i_l

 4. le fr_i_g_o_

 5. la p_o_rt_e_

 6. la f_e_n_ê_tr_e_

 7. le m_i_r_o_ _i_r

 8. le l_a_v_a_b_o_

CD 20 **4** Écoute et complète le plan. | Hör zu und ergänze den Grundriss. Schreibe in die Backformen hinein.

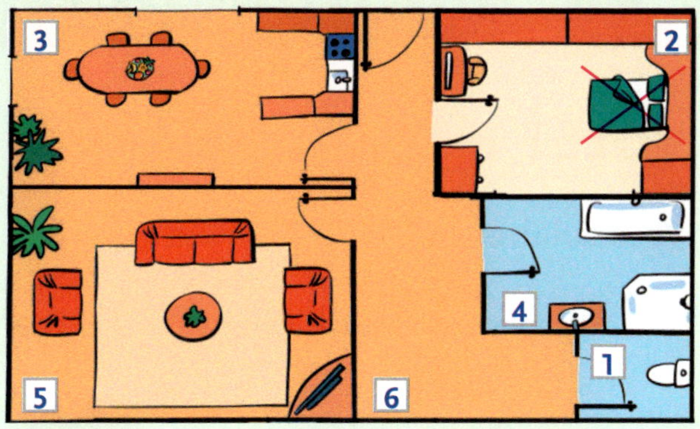

1. les toilettes
2. la chambre
3. la cuisine
4. la salle de bains
5. la salle de séjour
6. le couloir

CD 21 **5** Où est Camembert, la souris? Écoute bien et trouve-la. | Wo versteckt sich die Maus Camembert? Hör zu und schreibe auf. Zeichne dann die Maus in das richtige Zimmer im Grundriss oben ein.

Zimmer 2 (Camembert est dans la chambre, dans le lit.)

CD 22 **6** Où est Paul? Écoute et coche. | Wo ist Paul? Hör zu und kreuze an, in welchem Zimmer Paul ist.

Paul est dans ...

1
- [ ] la salle de séjour
- [X] la salle de bains
- [ ] la chambre

2
- [ ] la cuisine
- [ ] le couloir
- [X] la salle de séjour

3
- [ ] le couloir
- [X] la cuisine
- [ ] la salle de bains

4
- [X] la chambre
- [ ] le couloir
- [ ] la cuisine

7 Où est le pion*? | Wo ist die Spielfigur? A nimmt eine kleine Münze und legt sie in einem der Zimmer auf dem Grundriss ab. B sagt, wo sich die Münze befindet. Wechselt euch ab.

Où est le pion*?

Il est dans ______.

* **le pion** die Spielfigur

8 Welche Gegenstände zum Thema „Haus und Zimmer" kennst du noch auf Französisch? Zeichne sie in dein Heft und beschrifte sie.

Du kannst auch kleine Spielzeuggegenstände mitbringen und der Klasse auf Französisch vorstellen.

Unité 2 À la maison

VOLET 1

Vocabulaire

1 **a** Complète. | Löse das Kreuzworträtsel. (▶ Liste des mots, p. 185)

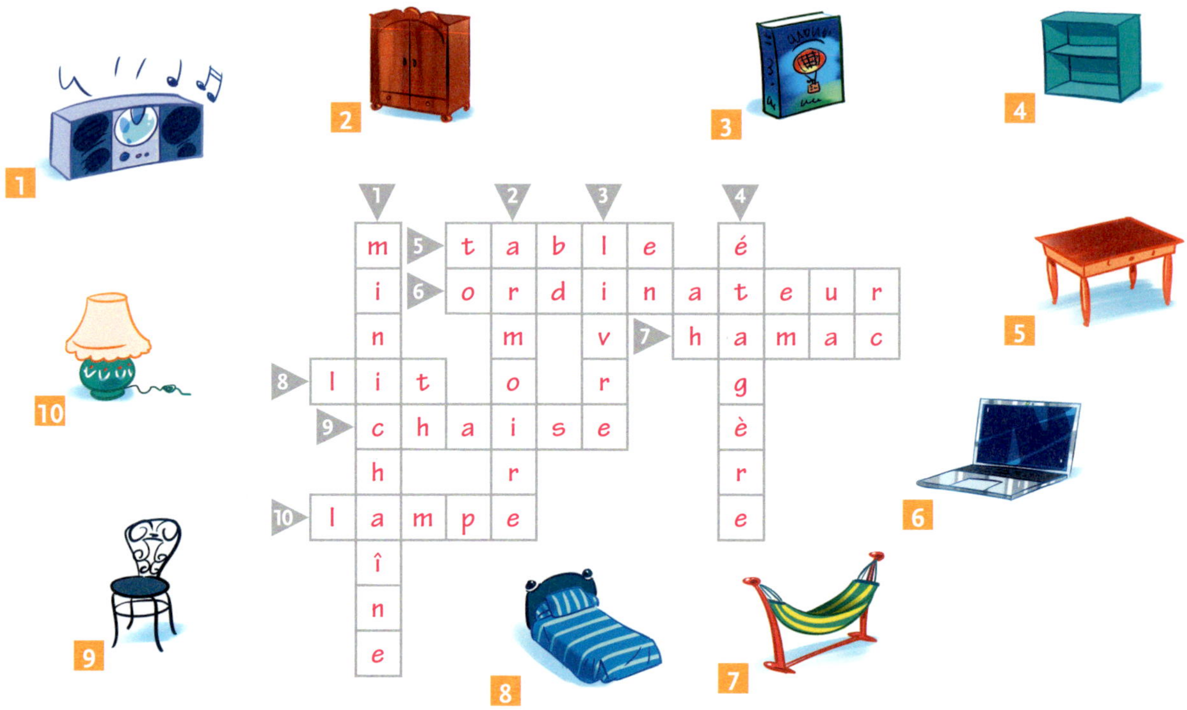

b Lisa présente sa chambre. | Lisa stellt ihr Zimmer vor. Was sagt sie?

Dans ma chambre, il y a (un coin géo avec) un globe et des pierres / une collection de pierres, un hamac,

une étagère avec des livres et une minichaîne.

Apprendre à apprendre

2 Wörter kannst du dir besser merken, wenn du einen oder zwei Buchstaben so zeichnest, dass man sofort weiß, was die Wörter bedeuten.

a Complète.
Utilise *un* ou *une*. une 

un 

b À toi! | Zeichne ein Wort wie in **a** und verwende den unbestimmten Artikel *un* oder *une*.

(Beispiellösungen siehe CD-Extra: „Lösungen offene Übungen“)

Grammaire

3 Schreibe die folgenden Wörter mit dem unbestimmten Artikel im Singular *un*/*une* in den richtigen Sack.

des tables
des chaises des lits
des lampes
des hamacs
des photos
des ordinateurs
des posters
des minichaînes
des professeurs
des amis des étagères
des livres des bédés
des armoires
des amies

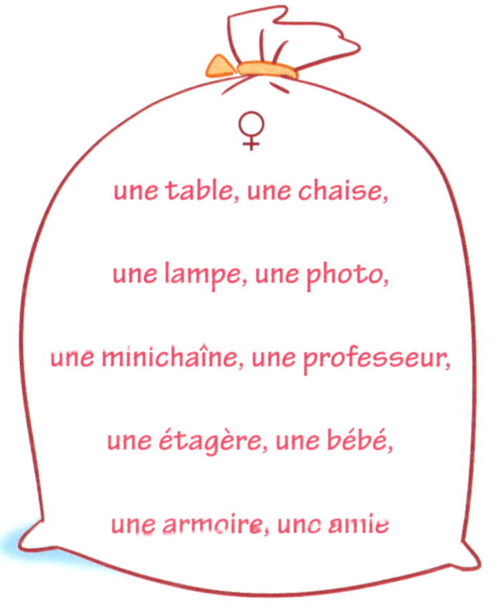

4 Qu'est-ce qu'il y a dans la vitrine? Utilise *il y a* et un nom au pluriel. | Was ist im Schaufenster zu sehen? Verwende *il y a* und ein Nomen im Plural. Denke an den unbestimmten Artikel im Plural!

Il y a des tables. Il y a des globes.

Il y a des stylos. Il y a des livres.

Il y a des cahiers. Il y a des chaises.

Il y a des étagères.

5 *un/une* ou *des*? **Complète par les articles. | Matéo hat einen Text über sein Zimmer geschrieben, aber alle Artikel vergessen. Ergänze die fehlenden Artikel.**

Ma chambre est cool: il y a __un__ coin musique avec __une__ minichaîne, __une__ collection de CD et __une__ guitare. Il y a aussi __un__ coin bédé avec __des__ bédés, __un__ poster et __des__ figurines partout. Et il y a __un__ hamac!

Lire et comprendre

6 Schau dir den Umschlag dieser französischen Jugendzeitschrift genau an und finde heraus welche Themen sie anbietet. (▶ Méthodes, p. 164)

In dieser Zeitschrift erfahre ich etwas über:

Zimmereinrichtung

Indiana Jones

DNA

Shopping

Écrire

7 a Der Jugendliche auf dem OKAPI-Umschlagfoto in 6 zeigt sein Zimmer. Beschreibe es. Welche Gegenstände kannst du schon benennen? Verwende dabei den unbestimmten Artikel: *un/une, des*.

Dans la chambre de Jérémy, il y a une guitare, une table, une chaise, un lit, une lampe, des livres,

(7b) une collection de petites voitures, un pouf, un tapis, une corbeille à papier.

b Vervollständige die Beschreibung in **a**. Wenn du ein Wort suchst, das du noch nicht kennst, kannst du es nachschlagen. (▶ Banque de mots, p. 178 / Dictionnaire en ligne, p. 179)

VOLET 2

Lire et comprendre

1 **Relis le texte. Lis les phrases, compare et corrige-les. | Lies die Sätze 1–5 und vergleiche sie mit dem Text im Buch auf S. 32. Korrigiere die Sätze in deinem Heft.**

1. Le shampoing est ~~dans le placard~~.
2. Les biscuits sont ~~sur l'étagère~~.
3. Les clés sont ~~dans la cuisine~~.
4. Le CD de ZAZ est ~~sur la table~~.
5. La télécommande est ~~sous la chaise~~.

1. sur l'étagère, 2. dans le placard, 3. sur la table, 4. sous la chaise, 5. entre la télé et la lampe

Vocabulaire

2 **Où sont les bédés d'Alexandre? | Alexandre sucht seine Comics. Vervollständige die Sätze.**
(▶ Liste des mots, p. 186)

Grammaire

3 **Complète le dialogue. | Vervollständige den Dialog mit den fehlenden Teilen.**

1. – Mariam, où est le CD de ZAZ?
2. – Regarde, il est dans la salle de séjour, sur la table!
3. – Et où sont les clés de l'appartement?
4. – Regarde, elles sont dans le couloir, sur l'étagère!
5. – Mariam! Où est la télécommande?
6. – Là, devant toi!

la télécommande
où sont les clés
sur la table
Là, devant toi
Regarde
où est le CD

4 Relie. | **Verbinde die Fragen mit den passenden Antworten.**

Où sont les étagères?	1	a	Ils sont sur les étagères.
Où est le globe?	2	b	Elles sont dans la salle de classe, à droite.
Où est l'armoire?	3	c	Il est dans l'armoire, à droite.
Où sont les livres?	4	d	Elle est dans la classe, à gauche.

5 a Utilise *Où est / Où sont*. | **Schreibe die Fragen in dein Heft.**

1. Clara 2. Théo et Lukas 3. Jade et Noah
4. les clés 5. la télécommande 6. le lit

1. Où est Clara?

b Réponds aux questions. Utilise *Il est / Elle est / Ils sont / Elles sont*. | **Beantworte die Fragen. Schreibe in dein Heft.**

1. chez Yasmine 2. à l'école 3. dans la cour
4. sous la table 5. sur l'étagère 6. à droite

1. Elle est chez Yasmine.

Écouter et comprendre

CD 23 **6** Wo liegen die Sachen in Louises Zimmer? Hör dir den Text an und zeichne mit Pfeilen ein, wo sich die genannten Dinge befinden.

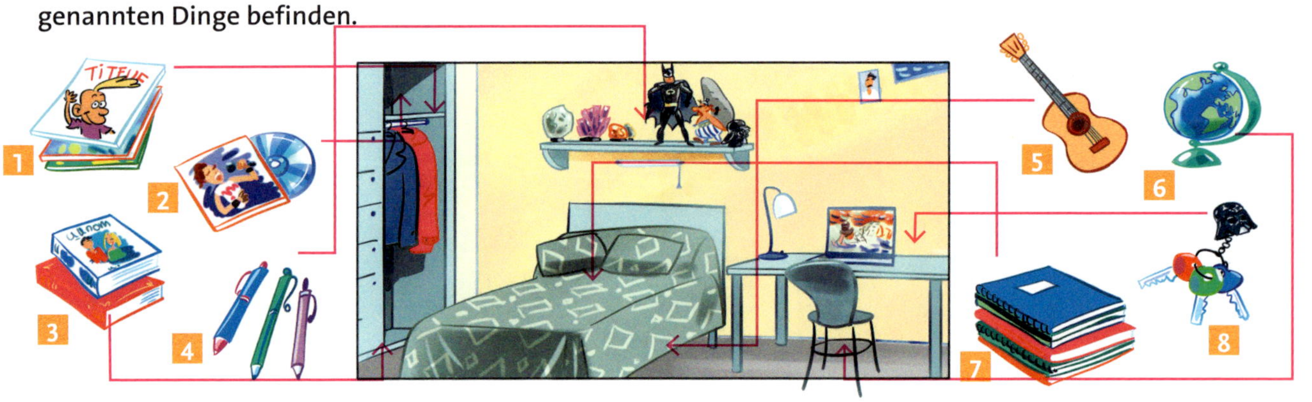

Écrire

7 a Clemens hat seine Hausaufgaben gemacht. Er hat einen Bindestrich und alle Apostrophe vergessen. Korrigiere die Hausaufgabe und schreibe die Fragen richtig darunter.

1. Qu est ce qu il y a dans l armoire de Louis?

Qu'est-ce qu'il y a dans l'armoire de Louis?

2. Qu est ce qu il y a derrière l ordinateur?

Qu'est-ce qu'il y a derrière l'ordinateur?

3. Qu est ce qu il y a dans l appartement?

Qu'est-ce qu'il y a dans l'appartement?

b Sarah hat in ihrer Hausaufgabe alle *accents* vergessen. Korrigiere ihre Sätze und schreibe die Wörter richtig daneben.

1. Ou sont les etageres? Où sont les étagères?
2. Ou est la minichaine? Où est la minichaîne?
3. Ou est la telecommande? Où est la télécommande?

CD 24

8 Écoute et complète. | Hör dir die beiden Sätze an und vervollständige sie.

1. Mam_an_ est d_ans_ la salle de b_ains_.
2. Sim_on_ et Alb_in_ s_ont_ _en_semble _en_ c_in_quième.

Apprendre à apprendre

9 Apprends les prépositions. | Lerne die Präpositionen mit einem Bild: Schreibe die Präpositionen an den passenden Ort.

sur sous
derrière devant
à droite à gauche
dans entre

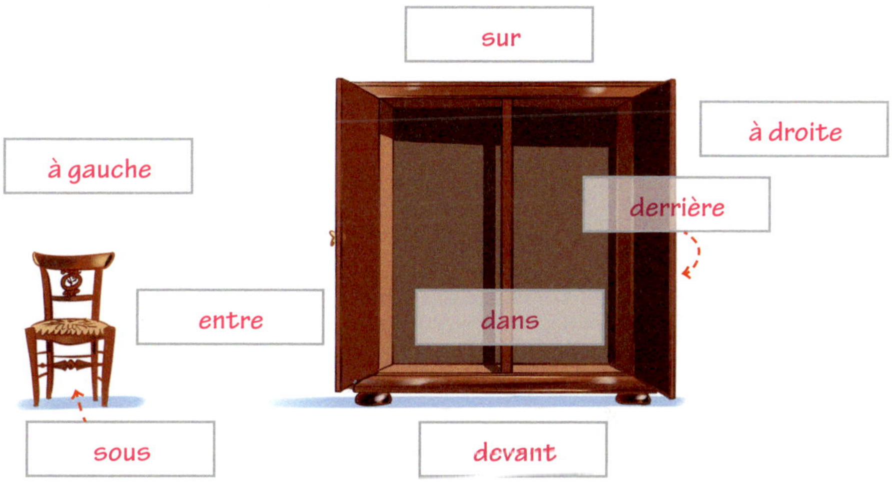

Écrire

10 Compare les deux dessins. | Vergleiche die beiden Zeichnungen und finde die sieben Unterschiede heraus. Schreibe in dein Heft.

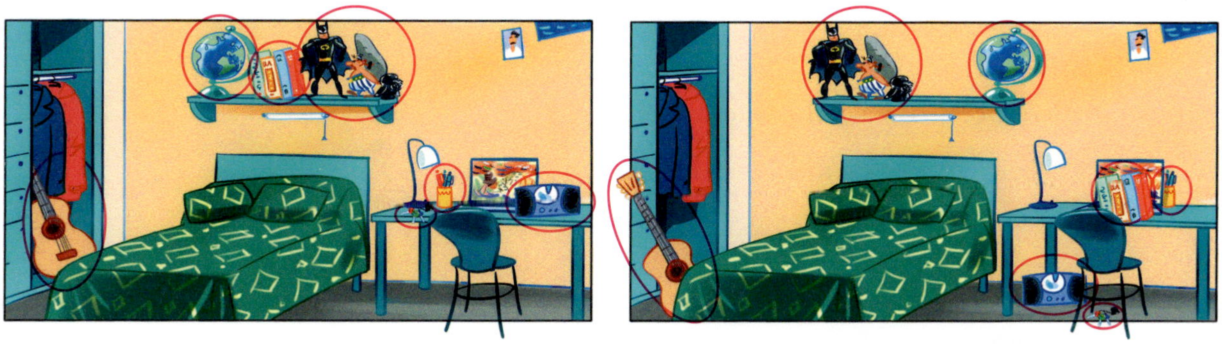

1. les livres 2. la guitare 3. la collection de figurines 4. le globe 5. les stylos 6. les clés 7. la minichaîne

1. À gauche, les livres sont sur l'étagère, entre le globe et les figurines.	À droite, les livres sont sur la table, devant l'ordinateur.

Parler

11 **Fais le tandem avec ton/ta partenaire.**

Lest euch noch einmal die Übungsanweisungen für die Tandembögen auf S. 14 durch. Vergesst nicht euer eigenes Beispiel in dem freien Feld am unteren Seitenrand aufzuschreiben.

Partenaire A

1. **A:** Qu'est-ce qu'il y a entre l'armoire et le lit?
   (**B:** Entre l'armoire et le lit, il y a une table.)

2. (**B:** Qu'est-ce qu'il y a sur la table?)
   A: Sur la table, il y a 

3. **A:** Qu'est-ce qu'il y a sous la chaise?
   (**B:** Sous la chaise, il y a des stylos.)

4. (**B:** Qu'est-ce qu'il y a sur l'étagère?)
   A: 

5. **A:** Qu'est-ce qu'il y a dans l'armoire?
   (**B:** Dans l'armoire, il y a des livres et une mi-nichaîne.

6. (**B:** Qu'est-ce qu'il y a devant le lit?)
   A: 

7. **A:** Qu'est-ce qu'il y a derrière l'ordinateur?
   (**B:** Derrière l'ordinateur, il y des clés.)

8. (**B:** Qu'est-ce qu'il y a entre la lampe et la télé?)
   A: 

9. **A:** (Individuelle Lösungen) ______
   (**B:** ______)

Partenaire B

1. (**A:** Qu'est-ce qu'il y a entre l'armoire et le lit?)
   B: Entre l'armoire et le lit, il y a 

2. **B:** Qu'est-ce qu'il y a sur la table?
   (**A:** Sur la table, il y a un ordinateur.)

3. (**A:** Qu'est-ce qu'il y a sous la chaise?)
   B: 

4. **B:** Qu'est-ce qu'il y a sur l'étagère?
   (**A:** Sur l'étagère, il y a une collection de pierres.)

5. (**A:** Qu'est-ce qu'il y a dans l'armoire?)
   B: 

6. **B:** Qu'est-ce qu'il y a devant le lit?
   (**A:** Devant le lit, il y a un hamac.)

7. (**A:** Qu'est-ce qu'il y a derrière l'ordinateur?)
   B: 

8. **B:** Qu'est-ce qu'il y a entre la lampe et la télé?
   (**A:** Entre la lampe et la télé, il y a un livre.)

9. (**A:** ______)
   B: ______

VOLET 3

Lire et comprendre

1 **Qu'est-ce qui va ensemble? Relie. | Was passt zusammen? Verbinde.** (▶Texte, p. 35)

Yasmine rentre	1	a	un CD.
Yasmine écoute	2	b	à la maison.
Yasmine chatte	3	c	une partie de cartes.
Karim et Noah regardent	4	d	avec des copines.
Yasmine et Zohra jouent	5	e	la télé.

(1–b, 2–a, 3–d, 4–e, 5–c)

Écouter et comprendre

CD 25

2 **Vrai ou faux? | Hör dir den Text an, lies die Sätze und kreuze an, welche Aussagen richtig und welche falsch sind.**

	vrai	faux
1. Yasmine est dans la cuisine.	☐	☒
2. Yasmine téléphone.	☐	☒
3. Zorah est dans la salle de séjour avec Karim et Bilal.	☒	☐
4. Zorah regarde la télé avec Karim et Bilal.	☒	☐

Grammaire

3 **Streiche die falsche Verbform durch und schreibe den richtigen Satz in dein Heft.** (▶Repères, p. 41/2)

1. – Yasmine, tu ~~joue~~ / joues avec moi? – Non, je travaille / ~~travailles~~.
2. – Et Karim? Il travaille / ~~travailles~~ aussi?
3. – Les garçons sont dans la salle de séjour. Ils ~~écoute~~ / écoutent un CD.
4. – Les garçons, vous ~~regardons~~ / regardez la télé avec moi?
   – Non, nous écoutons / ~~écoutez~~ un CD.

4 **Complète. Utilise la bonne terminaison. | Setze die passenden Verbendungen ein.** (▶Repères, p. 41/2)

– Clara, qu'est-ce que tu fais, après l'école?

– Je rentr_e_ à la maison et je travaill_e_. Après les devoirs, je rêv_e_ ou j'écout_e_ des CD.

– Et Alexandre?

– Alexandre regard_e_ la télé, il chatt_e_ avec des copains ou il cherch_e_ des informations sur Internet.

– Est-ce que vous jou_ez_ ensemble?

– Oui, nous jou_ons_ sur l'ordinateur.

– Et Yasmine et Karim?

– Ils rentr_ent_ aussi à la maison. Après l'école, ils travaill_ent_ et jou_ent_ avec Zohra ou ils regard_ent_ la télé.

5 Complète. Utilise l'impératif. | Ergänze. Verwende den Imperativ. (▶ Repères, p. 41/3)

Vocabulaire

6 a Trouve les dix verbes. Écris-les. | Finde die zehn Verben wieder. Schreibe sie auf. (▶ Liste des mots, p. 187)

T	T	R	A	V	A	I	L	L	E	R
É	R	E	N	T	R	E	R	M	E	E
L	J	F	L	A	P	O	I	F	D	G
É	H	É	C	O	U	T	E	R	S	A
P	E	R	H	V	E	R	N	R	J	R
H	C	H	A	T	T	E	R	U	O	D
O	V	Z	N	R	Ê	V	E	R	U	E
N	I	F	T	H	S	H	N	O	E	R
E	C	H	E	R	C	H	E	R	R	L
R	M	I	R	L	A	P	O	E	S	M

1. travailler
2. rentrer
3. téléphoner
4. écouter
5. chatter
6. rêver
7. chercher
8. regarder
9. jouer
10. chanter

b Écris une phrase dans ton cahier avec chaque verbe de **a**. | Schreibe mit jedem Verb aus **a** einen Satz in dein Heft. (▶ Repères, p. 41)

Apprendre à apprendre

7 Verstecke Wörter in einem Wortgitter für deine Mitschüler/innen. Denke auch an die Lösung, damit du deine Mitschüler/innen korrigieren kannst. (▶ Apprendre à apprendre, p. 37/6 / Liste des mots, p. 180–190)

S	A	R	M	O	I	R	E	D	E	R
G	L	O	B	E	J	D	C	F	Q	F
U	O	K	I	W	K	O	P	A	G	P
I	I	Q	M	Y	B	B	E	O	N	H
T	A	B	L	E	A	R	U	S	C	L
A	S	É	I	C	N	L	S	T	H	M
R	R	D	V	M	S	X	G	Y	A	Q
E	L	É	R	V	K	S	T	L	I	T
V	T	Z	E	T	Z	R	J	O	S	H
M	I	N	I	C	H	A	Î	N	E	I

1. une chaise
2. un lit
3. une minichaîne
4. une armoire
5. une guitare
6. une table
7. un livre
8. un globe
9. un stylo
10. une bédé

Écrire

8 Corrige les fautes et écris la phrase correcte. | Streiche das falsche Wort durch und schreibe den korrekten Satz auf.

1. Tu t'appelles Lucas ou / ~~où~~ Lukas?

   Tu t'appelles Lucas ou Lukas?

2. Qu'est-ce qu' / ~~Qu'est-ce que~~ il y a sur la table?

   Qu'est-ce qu'il y a sur la table?

3. ~~Qu'est-ce qu'~~ / Qu'est-ce que tu fais après l'école?

   Qu'est-ce que tu fais après l'école?

4. Tu es là / ~~la~~ ?

   Tu es là?

5. ~~Ou~~ / Où sont les biscuits?

   Où sont les biscuits?

6. Noah est le / ~~les~~ copain de Karim.

   Noah est le copain de Karim.

7. Nous jouons une partie de / ~~des~~ cartes.

   Nous jouons une partie de cartes.

8. Sur l'étagère, il y a des / ~~de~~ pierres.

   Sur l'étagère, il y a des pierres.

9. Yasmine est / ~~et~~ dans la chambre. Elle écoute des CD.

   Yasmine est dans la chambre.

10. Karim ~~est~~ / et Zohra, vous êtes où? Ah, vous êtes dans la cuisine!

    Karim et Zohra, vous êtes où?

9 a Retrouve l'ordre du dialogue et écris-le dans ton cahier. | Stell den Dialog wieder her und nummeriere die Sprechblasen. Schreibe den Dialog dann in dein Heft.

- Mais, regarde! Je travaille. 6
- Qu'est-ce que tu fais? 5
- Tu travailles toujours. Tu m'énerves! 9
- Paul, tu es là? 1
- On regarde la télé? 3
- Non, c'est non. 8
- Oui, qu'est-ce qu'il y a? 2
- Paul, s'il te plaît! 7
- Pas maintenant. 4

Oder zweite Variante:

1	2	5	6	3	4	9	7	8

b Compare avec ton/ta partenaire. Puis jouez la scène. | Überprüft eure Lösungen aus **a**. Spielt dann die Szene.

Regarder et comprendre

DVD 3 **10 a** Regarde la séquence et coche les bonnes réponses. | Schau dir die Sequenz an und kreuze die richtigen Antworten an.

1

- [x] Laurine
- [ ] Marie

- [ ] est à la maison.
- [ ] rentre à la maison.
- [ ] est en classe.
- [x] est à l'école.
- [x] téléphone.
- [ ] est avec une copine.
- [ ] rêve.

2

- [x] Maxime
- [ ] Robin

- [x] est à la maison.
- [ ] est dans la cuisine.
- [ ] est dans la salle de bains.
- [ ] joue.
- [x] téléphone.
- [ ] écoute des CD.
- [ ] cherche des informations sur Internet.

DVD 3 **b** Regarde la séquence encore une fois et complète. | Schau dir die Sequenz noch einmal an und ergänze.

Dans la chambre de Laurine, il y a un bureau / une table. Sur le bureau / la table, il y a un ordinateur.

À droite, il y a des livres, des CD et des DVD. Entre les livres et l'ordinateur, il y a un poster.

MA PAGE

C'EST MA CHAMBRE!

Présente ta chambre. | Stell dein Zimmer vor. Du kannst es zeichnen oder ein Foto verwenden. Beschrifte die Gegenstände und schreibe einen Text über dein Zimmer. Diese Seite kannst du für die *Tâche B* im Buch, S. 39, verwenden.

1 Qu'est-ce qu'on dit?

Comment est-ce que tu dis cela en français? | Wie sagst du auf Französisch, dass ...?

1. ... es einen Schrank und eine Hängematte in deinem Zimmer gibt

____

____

2. ... die Fernbedienung auf dem Regal ist

____

____

3. ... jemand mit dir spielen soll

____

____

4. ... du jetzt nicht kannst: du arbeitest

____

____

2 Wortschatz

Retrouve les dix noms et écris-les avec l'article indéfini. | Finde die zehn Nomen wieder und schreibe sie mit dem unbestimmten Artikel auf.

____

____

____

____

____

____

____

3 Ortsangaben

Regarde la chambre de Louise et complète. | Schau dir Louises Zimmer an und vervollständige die Beschreibung.

Dans la chambre de Louise, il y a des

bédés et des biscuits ______________

le lit. Les CD sont ______________

la table et les stylos ______________

l'ordinateur. La minichaîne est ______ l'armoire, ______ et les livres ______. La guitare est ______ l'armoire. Le shampoing est ______ l'étagère ______ les pierres et la lampe.

4 Die unbestimmten Artikel und die Nomen im Plural

Qu'est-ce qu'il y a dans la cour? Décris. Utilise *un/une/des ...*

Dans la cour, il y a ______

______

______

______

______

______

______

5 Der bestimmte und der unbestimmte Artikel

Complète. Utilise l'article défini ou indéfini. | Setze einen bestimmten oder einen unbestimmten Artikel ein.

Voilà ______ chambre. C'est ______ chambre de Léon. Dans ______ chambre de Léon, il y a ______ coin bédé avec ______ posters et ______ collection de figurines. Et sur l'étagère, il y a ______ collection de bédés de Léon.

6 Die Verben auf *-er*

Complète. Setze die passenden Verbendungen ein.

1. Yasmine travaill______ avec Clara. Après, elles écout______ des CD et chant______.
2. – Vous cherch______ des informations sur Internet avec moi?
   – Non, pas maintenant. Nous travaill______.
3. – Tu regard______ des photos? – Oui, je cherch______ des photos de l'école.
4. – On écout______ un CD ensemble? – Non! Tu m'énerv______! Je téléphon______.
5. Les garçons regard______ la télé. Après, Karim jou______ avec Zorah.

LE FRANÇAIS EN CLASSE (2)

1 Qu'est-ce qui va ensemble? Relie. | Was passt zusammen? Verbinde.

2 À vous! | Spielt Kofferpacken. Zählt auf, was es in eurem Klassenraum gibt.

Dans notre salle de classe*, il y a des chaises.

Dans notre salle de classe, il y a des chaises et un tableau.

* **notre salle de classe** unser Klassenraum

3 Jouez au mémory *Le français en classe.* | Geht auf die Pappseite A in der Mitte des Heftes, schneidet die Karten aus und spielt das Memoryspiel *Le français en classe.*

4 Qu'est-ce que c'est? | Knack den Code! Finde die zehn Nomen und schreibe sie mit dem unbestimmten Arktikel *un*/*une* in dein Heft.

1 = a
3 = e
5 = o

cr1y5n	ph5t5	p5rt3	m5t	3ff1c3ur	p5st3r	phr1s3	t1bl31u	c1hi3r	5rdin1t3ur
un crayon	une photo	une porte	un mot	un effaceur	un poster	une phrase	un tableau	un cahier	un ordinateur

5 Trouve les mots. | Finde die zehn Nomen heraus.

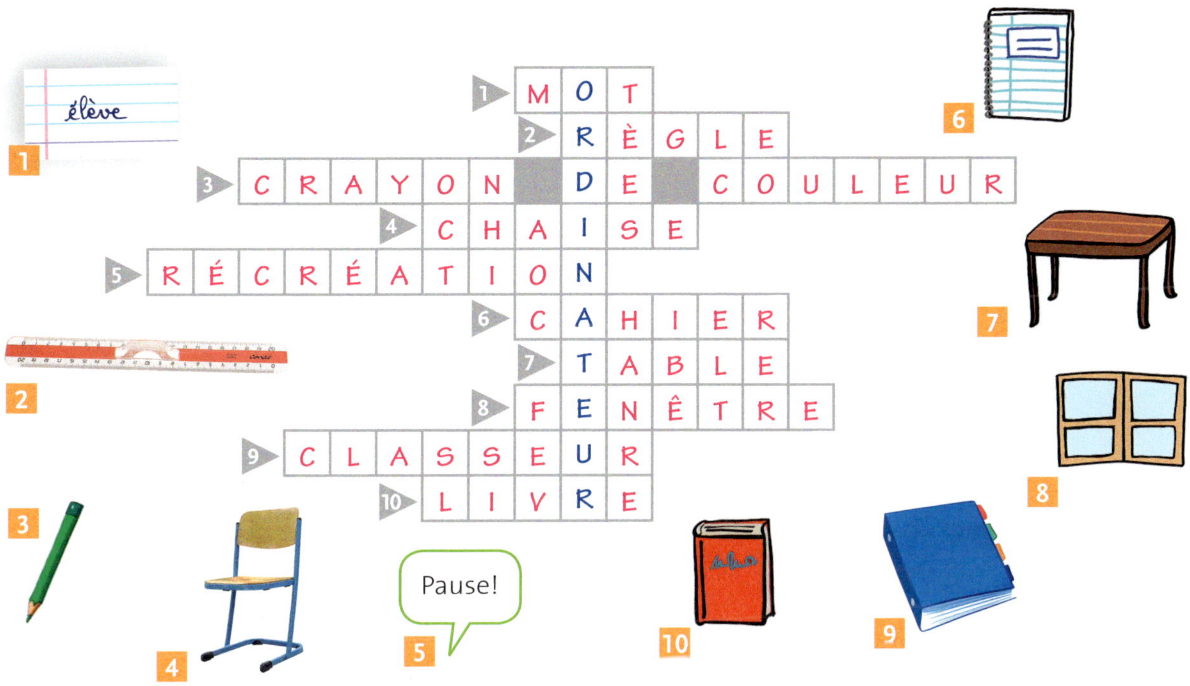

6 Qu'est-ce qu'il dit? | Was hat der Lehrer gesagt? Welche Aufforderung passt zu welchem Bild? Schreibe die Nummern in die Kästchen. Ein Satz bleibt übrig!

1. Écoutez le rap.
2. ~~Répétez la phrase.~~
3. Ouvrez les cahiers.
4. Écrivez le texte.
5. Fermez les livres.
6. Chantez le rap.

A 5

B 4

C 1

D 3

E 6

Nur für Schüler/innen mit Vorkenntnissen Französisch

MA FAMILLE ET MES ANIMAUX

CD 26

1 a Ludo présente sa famille. C'est qui? Écoute et coche. | Ludo stellt seine Familie vor. Von wem spricht er? Hör zu und kreuze das passende Bild an.

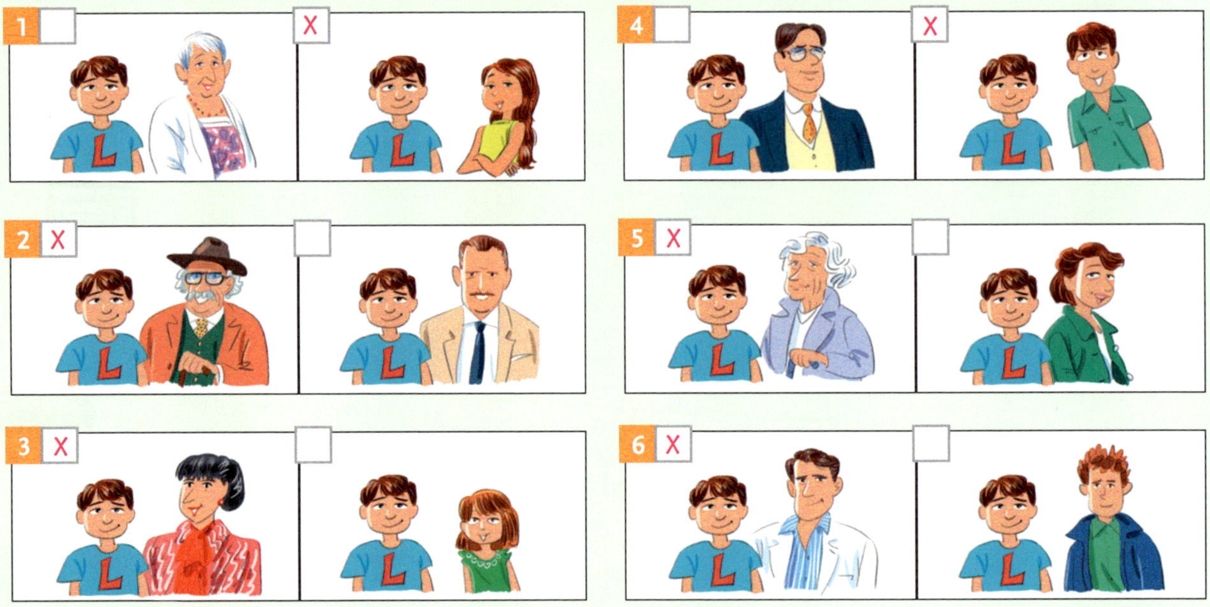

CD 26

b Écoute encore une fois et répète les phrases. | Hör noch einmal zu und sprich die Sätze nach. Drücke dafür nach jedem Satz die Pause-Taste.

2 a Voilà la famille de Marius. Qu'est-ce qui va ensemble? Relie. | Das ist die Familie von Marius. Was passt zusammen? Schau dir das Bild an und verbinde jedes Wort mit dem passenden Familienmitglied auf dem Bild.

1. l'arrière-grand-père — François
2. l'arrière-grand-mère — Marie
3. le grand-père — Fernand
4. la grand-mère — Marine
5. le père — Luc
6. la mère — Magali
7. le frère — Marius
8. la sœur — Lucie
9. l'oncle — Jules
10. la tante — Agnès
11. le cousin — Jean
12. la cousine — Fanny

b Présentez la famille de **a**. | Stellt euch gegenseitig die Familie aus **a** vor. Wechselt euch ab.

François, c'est l'arrière-grand-père de Marius.

Agnès, c'est la tante de Marius.

CD 27 **3** **Tu connais le nom de ces animaux? Relie. | Kennst du den Namen dieser Tiere? Hör zu und ordne zu.**

D 1 le chien · I 2 le chat · G 3 la perruche · B 4 la tortue

A 
B 
C 
D 
E 
F 
G 
H 
I 
K 

F 5 le lapin · C 6 le cheval

E 7 le cochon d'Inde · A 8 la souris · K 9 le poisson · H 10 le hamster

CD 28 **4** **C'est quel animal? Écoute et coche. | Welches Tier ist das? Hör dir die Geräusche an und kreuze das richtige Tier an.**

1. a [ ] le cheval — b [X] la vache — c [ ] la chèvre
2. a [ ] la poule — b [ ] l'âne — c [X] le cochon
3. a [X] le mouton — b [ ] le chat — c [ ] le chien
4. a [ ] le crocodile — b [ ] la girafe — c [X] le lion
5. a [ ] le zèbre — b [ ] le poisson — c [X] le singe
6. a [ ] le tigre — b [X] l'éléphant — c [ ] le pingouin

5 **Est-ce que tu connais d'autres animaux? Comment est-ce qu'ils font? | Welche Tiere kennst du noch? Was machen sie für Geräusche?**

MIAOU – MIAU (chat – Katze) / OUAF – WAU (chien – Hund) / MEUH – MUH (vache – Kuh)

CD 29 **6** **Écoute et complète le poème. | Hör dir das Gedicht an. Die Tiere reimen sich mit den Vornamen ihrer Besitzer. Vervollständige das Gedicht mit den Tieren und schreibe in die Backformen.**

1. J'aime le chien de Bastien.
2. J'aime le chat de Natacha.
3. J'aime le lapin de Robin.
4. J'aime le poisson d'Alisson.
5. J'aime le hamster d'Esther.
6. J'aime le cheval de Chantal.
7. Et j'aime la souris de Marie.

7 **Tu as un animal? Raconte. | Hast du ein Haustier? Erzähle. Wenn du kein Haustier hast, sage, welches Tier dein Lieblingstier ist.**

J'ai un  . Mon chat s'appelle ___.

Mon animal préféré, c'est le  .

Unité 3 Ma famille

VOLET 1

Vocabulaire

1 Retrouve les noms. | Bringe die Buchstaben in die richtige Reihenfolge und schreibe die Wörter auf.

1. èrme 2. rèep 3. osinuc 4. drang-erèp 5. lifle 6. sifl 7. rusœ 8. conle 9. grnad-emrè 10. netat 11. isonuce 12. rèref

1. ma mère
2. mon grand-père
3. ma sœur
4. ma tante
5. mon père
6. ma fille
7. mon oncle
8. ma cousine
9. mon cousin
10. mon fils
11. ma grand-mère
12. mon frère

2 a Voilà la famille de Clara. Complète les mots croisés. | Löse das Kreuzworträtsel zu Claras Familie. (▶Texte, p. 46)

1. Clara, c'est la ? de Franck.
2. Alexandre, c'est le ? d'Élise.
3. Muriel et Frédéric sont les ? de Philippe.
4. La sœur de Franck, c'est la ? de Clara.
5. Camille et Clara sont les ? d'Alexandre.
6. Paul est le ? de Manon.
7. David, c'est l' ? de Clara.
8. Philippe est le ? de David.
9. Franck, c'est le ? de Camille.
10. Monique est la ? d'Élise.
11. Isabelle, c'est la ? de Louise.

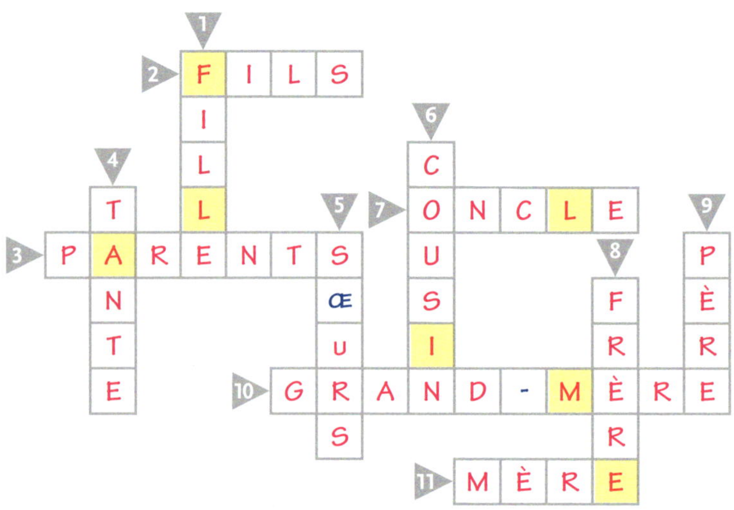

b Trouve le mot-clé. | Die markierten Felder ergeben ein Lösungswort. Schreibe es auf.

la famille

	la table	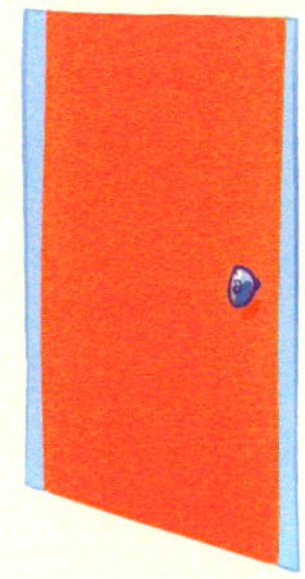	la porte
le crayon		la fenêtre	
	le cahier	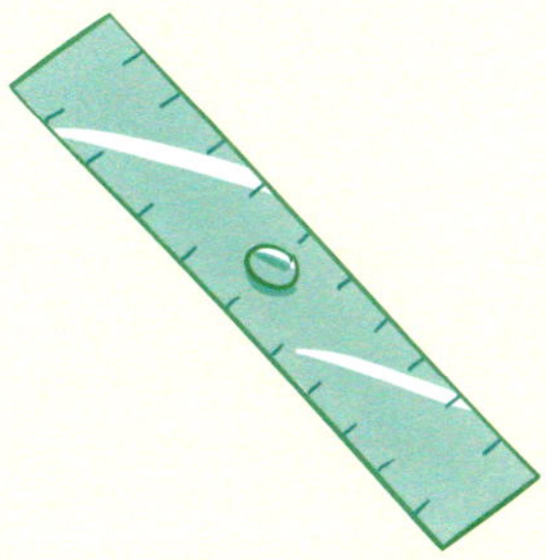	la règle
l'ordinateur	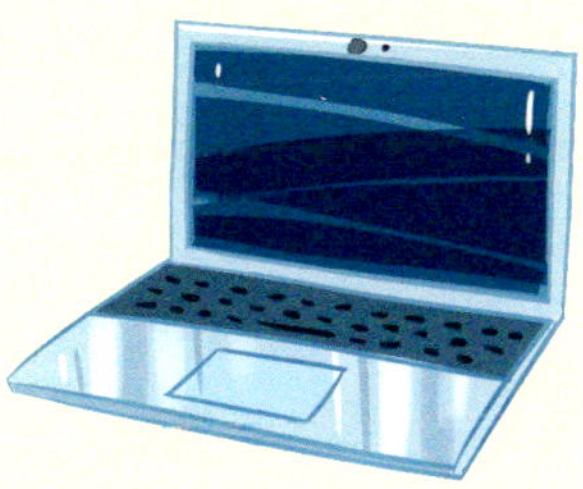	le tableau	
	la chaise		le livre
le stylo	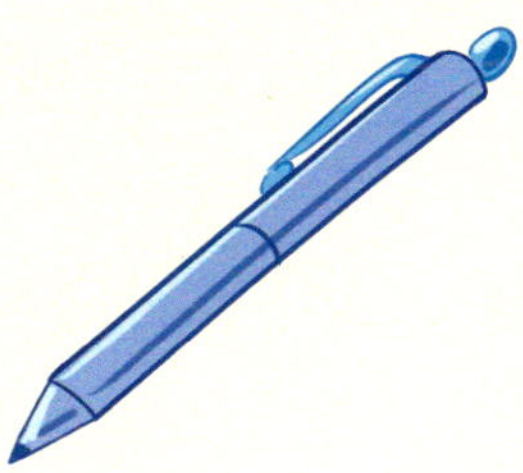	le classeur	

LE JEU DE MÉMORY | LE JEU DE MÉMORY | LE JEU DE

Famille Bikini
la mère | le fils
la fille | le grand-père
la grand-mère

Famille Bikini
la mère | **le fils**
la fille | le grand-père
la grand-mère

Famille Bikini
la mère | le fils
la fille | le grand-père
la grand-mère

Famille Bikini
la mère | le fils
la fille | **le grand-père**
la grand-mère

Famille Bikini
la mère | le fils
la fille | le grand-père
la grand-mère

Famille Cervot
le père | la mère
le fils | la fille
le grand-père

Famille Cervot
le père | **la mère**
le fils | la fille
le grand-père

Famille Cervot
le père | la mère
le fils | la fille
le grand-père

Famille Cervot
le père | la mère
le fils | **la fille**
le grand-père

Famille Cervot
le père | la mère
le fils | la fille
le grand-père

Famille Tréchic
le père | la mère
le fils | la fille
la grand-mère

Famille Tréchic
le père | **la mère**
le fils | la fille
la grand-mère

Famille Tréchic
le père | la mère
le fils | la fille
la grand-mère

Famille Tréchic
le père | la mère
le fils | **la fille**
la grand-mère

Famille Tréchic
le père | la mère
le fils | la fille
la grand-mère

Famille Désil
le père | la mère
la fille | le grand-père
la grand-mère

Famille Désil
le père | **la mère**
la fille | le grand-père
la grand-mère

Famille Désil
le père | la mère
la fille | le grand-père
la grand-mère

Famille Désil
le père | la mère
la fille | **le grand-père**
la grand-mère

Famille Désil
le père | la mère
la fille | le grand-père
la grand-mère

Le jeu des 8 familles

Für 2 bis 6 Spieler

Ziel: Möglichst viele Familien sammeln.

❶ Mischt die Karten. Jeder Spieler erhält 5 Karten. Die restlichen Karten kommen auf einen Stapel in die Mitte.

❷ Sortiert eure Karten nach Familien. Jede Familie hat fünf Mitglieder.

❸ Der Spieler, der links vom Kartengeber sitzt, beginnt und fragt einen beliebigen Mitspieler nach einer Karte, die ihm zur Bildung einer Familie fehlt. Wenn der Gefragte die Karte hat, muss er sie abgeben und der erste Spieler darf weiterfragen.

❹ Wenn der Gefragte die Karte nicht hat, muss der, der gefragt hat, eine Karte vom Stapel in der Mitte ziehen. Jetzt ist derjenige an der Reihe, der zuletzt befragt wurde.

❺ Sobald ein Spieler eine vollständige Familie besitzt, ruft er „Famille“ und legt sie offen vor sich auf den Tisch.

So fragst du:

- Dans la famille Lecha, je voudrais (le père). | Aus der Familie Lecha hätte ich gern (den Vater).

So antwortest du:

- Voilà (la grand-mère).
- Non, je n'ai pas (la mère).
- Désolé, pioche! | Pech gehabt! Du musst ziehen!

So gewinnst du:

- Famille!
- J'ai une famille! / J'ai la famille (Piknik)!

Famille Lecha
le père | le fils | la fille
le grand-père
la grand-mère

Famille Lecha
le père | **le fils** | la fille
le grand-père
la grand-mère

Famille Lecha
le père | le fils | **la fille**
le grand-père
la grand-mère

Famille Lecha
le père | le fils | la fille
le grand-père
la grand-mère

Famille Lecha
le père | le fils | la fille
le grand-père
la grand-mère

Famille Piknik
le père | la mère
le fils | la fille
la grand-mère

Famille Piknik
le père | **la mère**
le fils | la fille
la grand-mère

Famille Piknik
le père | la mère
le fils | la fille
la grand-mère

Famille Piknik
le père | la mère
le fils | **la fille**
la grand-mère

Famille Piknik
le père | la mère
le fils | la fille
la grand-mère

Famille Costo
le père | le fils | la fille
le grand-père
la grand-mère

Famille Costo
le père | **le fils** | la fille
le grand-père
la grand-mère

Famille Costo
le père | le fils | **la fille**
le grand-père
la grand-mère

Famille Costo
le père | le fils | la fille
le grand-père
la grand-mère

Famille Costo
le père | le fils | la fille
le grand-père
la grand-mère

Famille Mifaçol
le père | la mère
le fils | le grand-père
la grand-mère

Famille Mifaçol
le père | **la mère**
le fils | le grand-père
la grand-mère

Famille Mifaçol
le père | la mère
le fils | le grand-père
la grand-mère

Famille Mifaçol
le père | la mère
le fils | **le grand-père**
la grand-mère

Famille Mifaçol
le père | la mère
le fils | le grand-père
la grand-mère

JEU DES 8 FAMILLES

Die Satzmaschine

Mit der Satzmaschine lassen sich ganz einfach französische Sätze bilden und üben.

Eine Bastel- und Gebrauchsanweisung befindet sich auf der Rückseite dieser Pappseite – viel Spaß!

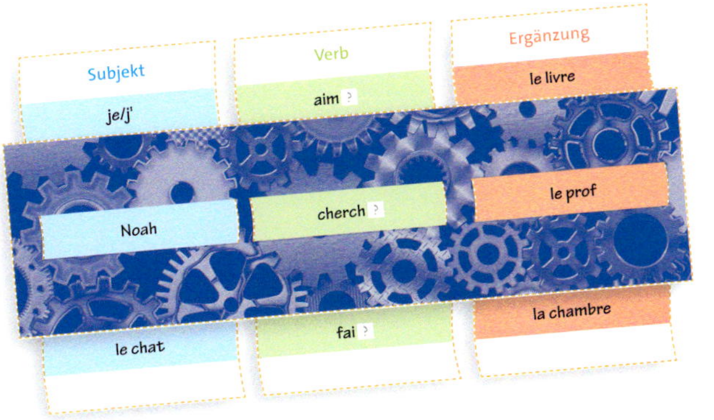

Subjekt	Verb	Ergänzung
je/j'	aim ?	le livre
tu	regard ?	le foot
Noah	cherch ?	le prof
Yasmine et Clara	écout ?	la télé
le chat	fai ?	la chambre

Bastel- und Gebrauchsanleitung für die Satzmaschine

1. Schneide die Streifen **Subjekt**, Verb, Ergänzung und die Satzmaschine aus.
2. Schneide Schlitze entlang der gestrichelten Linien in die Satzmaschine.
3. Trage auf dem Streifen **Subjekt** weitere Subjekte (z. B. *Jade, le frère*) und auf dem Streifen Verb weitere Verben ein, die eine Ergänzung mit sich führen (z. B. *adorer, détester*) – bei Bedarf auch auf der Rückseite. Schreibe auf den Streifen Ergänzung weitere mögliche Ergänzungen.
4. Stecke die Streifen so durch die Schlitze der Satzmaschine, dass du die Wörter in den drei Fenstern sehen kannst.
5. Bilde nun mit Hilfe deiner Satzmaschine sinnvolle Sätze. Vergiss nicht, das Verb zu konjugieren.

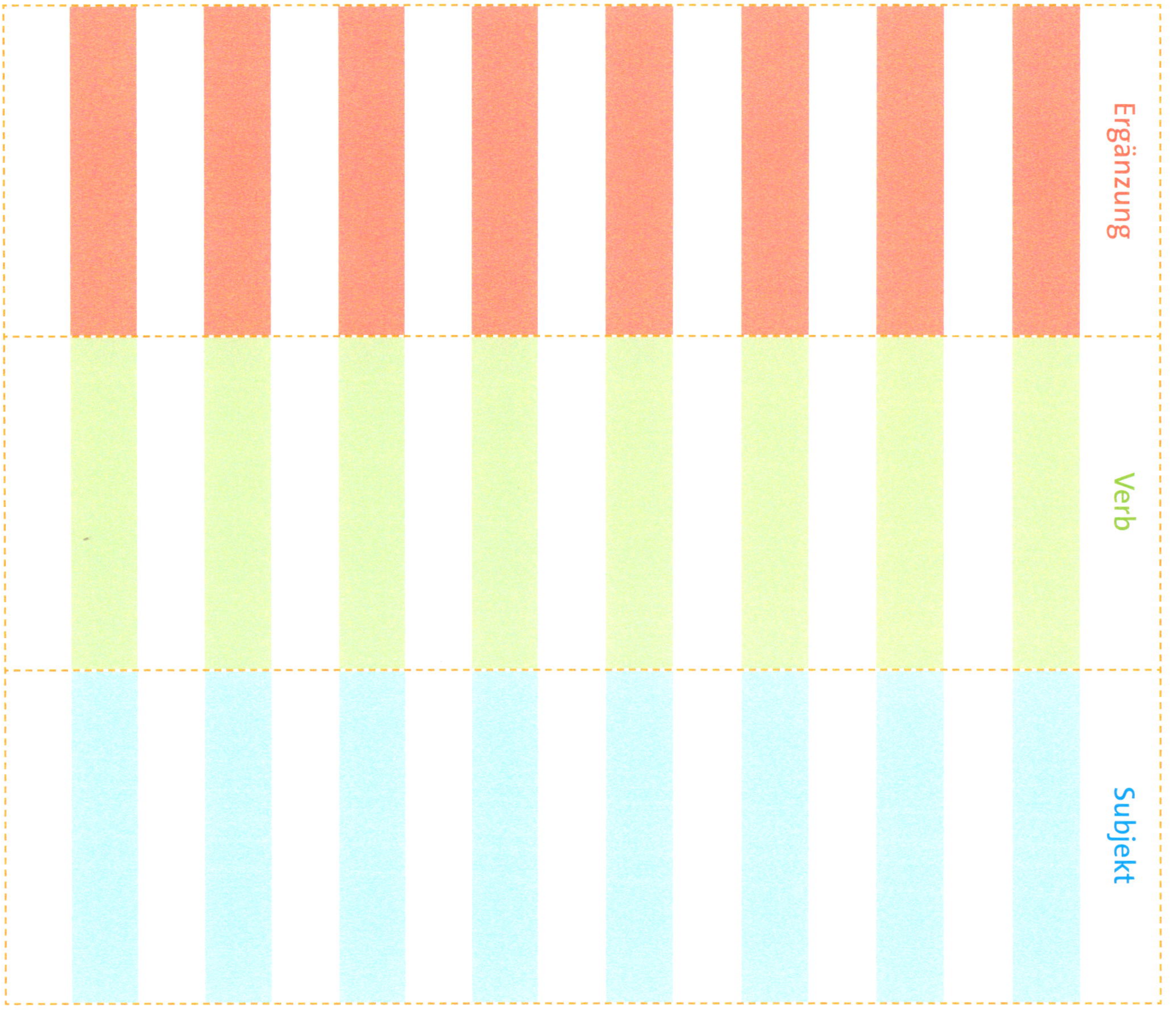

Écouter et comprendre

CD 30 **3** Écoute et remets dans l'ordre. | Hier stellen drei Personen ihre Familie vor. Hör zu und ordne die Bilder in der Reihenfolge, in der sie vorgestellt werden. Schreibe die Zahlen in die Kästchen.

A 3

B 1

C 2

Grammaire

4 Complète. Utilise *mon*, *ma* ou *mes*. (▶ Repères, p. 59/1)

Dans __ma__ chambre, il y a un coin photos. Sur une photo, il y a __mes__ parents. Ils sont à Paris avec __ma__ sœur. Il y a aussi une photo avec __mon__ père et __ma__ tante Charlotte. Ils sont chez __mes__ grands-parents. Il y a une photo avec __mon__ oncle Mario, __ma__ mère, __ma__ cousine Lorette et __mon__ grand-père. Ils sont chez __mon__ arrière-grand-mère à Nice, Il y a aussi une photo de __mes__ cousines Germaine et Léonie. Elles sont dans __ma__ chambre, devant __mon__ coin photos.

VOLET 2

Vocabulaire

1 **Regarde la carte et complète. Utilise** *à, entre, en, près de.*

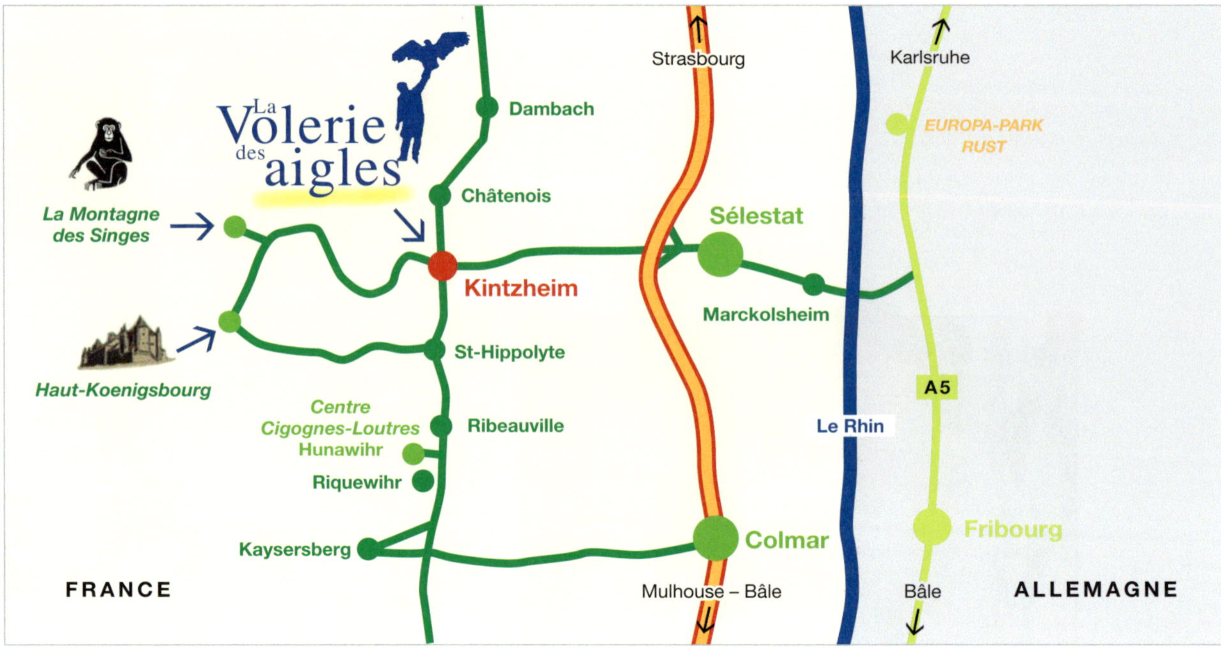

La Volerie des aigles[1] est ___en___ France, ___à___ Kintzheim. Kintzheim est ___près de___ Sélestat. Sélestat est ___entre___ Colmar et Strasbourg. Le «Europa-Park» est ___en___ Allemagne, ___à___ Rust. Rust est ___entre___ Karlsruhe et Fribourg. Le Rhin est ___entre___ la France et l'Allemagne. Et la Montagne des singes[2]? Elle est aussi ___en___ France, ___près de___ la Volerie des aigles.

1 **la Volerie des aigles** der Greifvogelpark 2 **la Montagne des singes** der Affenberg

2 **Relie.** | **Leon unterhält sich mit seinem französischen Freund Alex. Leon spricht Deutsch, Alex versteht ihn, antwortet jedoch auf Französisch. Was antwortet Alex? Verbinde.**

LEON

- In unserer Wohnung gibt es zwei Badezimmer. **1**
- Ich glaube, du verstehst dich gut mit deinen Geschwistern. **2**
- Meine Oma wohnt 1000 Kilometer entfernt von uns. **3**
- Nach der Schule muss ich auf meinen Bruder aufpassen. **4**
- Meine Mutter arbeitet fünf Minuten von hier entfernt. **5**
- Ich finde deine Eltern nett! **6**

ALEX

- **a** C'est loin!
- **b** C'est pratique!
- **c** Mon père, ça va, mais ma mère ... elle m'énerve!
- **d** C'est pénible, non?
- **e** Oui, on rigole bien!
- **f** Alors, elle est vite à la maison!

Écouter et comprendre

CD 31

3 Écoute et complète le dialogue. | Hör dir die Dialoge an. Sprich die fehlende Wörter zuerst nach. Dann schreibe sie auf.

c'est tout près · Je garde mon frère · mes parents rentrent tard · on rigole bien · tu habites où

1. – Tom, tu habites où ?
2. – Rue d'Austerlitz.
3. – Cool, c'est tout près . Alors, on rentre ensemble?
4. – Oui! Qu'est-ce que tu fais maintenant?
5. – Je garde mon frère ... Il m'énerve!
6. – Ben moi, mes parents rentrent tard . Alors, je garde ma sœur. Mais mon frère est là et on rigole bien .
7. – Cool!

Grammaire

4 a Forme les phrases. Utilise *ton*, *ta*, *tes* et *mon*, *ma*, *mes*. (▶ Repères, p. 59/1)

1 
2 
3 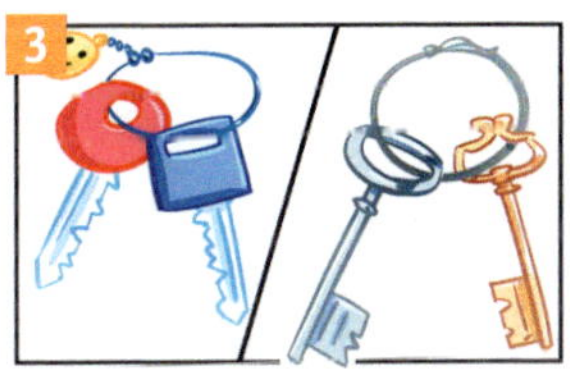
4 

1. Voilà ta chambre et voilà ma chambre.
2. Voilà ta guitare et voilà ma guitare.
3. Voilà tes clés et voilà mes clés.
4. Voilà ton oncle et voilà mon oncle.

b Continue avec *frère*, *parents*, *sœur*, *amie*, *copains*, *copines*, *école*. Écris les phrases.

1. Voilà ton frère et voilà mon frère. / 2. Voilà tes parents et voilà mes parents. / 3. Voilà ta sœur et voilà ma sœur. / 4. Voilà ton amie et voilà mon amie. / 5. Voilà tes copains et voilà mes copains. / 6. Voilà tes copines et voilà mes copines. / 7. Voilà ton école et voilà mon école.

Regarder et comprendre

DVD 4 **5 a** Ils habitent où? Regarde la séquence et réponds.

Il habite 9, avenue de l'Europe. ______ Il habite 5, rue du Parc. ______

DVD 4 **b** Vrai ou faux? Coche. | Richtig oder falsch? Kreuze an.

	vrai	faux
Les deux garçons rentrent ensemble.	[X]	[ ]

Écrire

6 Regarde l'album de photos de Gabriel et complète les commentaires. Imagine. | Stell dir vor, was Gabriel zu seinen Fotos erzählen könnte und schreibe in dein Heft.

Là, c'est moi, Gabriel, je suis dans ______.

______

Et voilà ______. Ils sont ______.

______

______

______

VOLET 3

Lire et comprendre

1 **C'est qui? Relis les textes, p. 51, et réponds. | Lies die Texte auf S. 51 deines Buches noch einmal und vergleiche. Von wem ist in den sechs Sätzen die Rede?**

	C'est ...
1. Il habite à Paris avec son père et son frère.	Paul.
2. Elle joue beaucoup avec ses frères et sœurs.	Mathilde.
3. Son père habite à Genève avec sa femme et les deux fils de sa femme.	Jade.
4. Ses sœurs ont 5 et 7 ans.	Mathilde.
5. Il est toujours dans sa chambre avec son hamster.	Paul.
6. Ses frères ont 18 et 20 ans.	Julien.

2 **Vrai ou faux? Coche la bonne réponse et corrige les phrases fausses.** (▶ Textes, p. 51)

	vrai	faux
1. Jade est de Genève, mais elle habite à Strasbourg.	☐	☒
2. Ses parents sont séparés et la femme de son père est sympa.	☒	☐
3. Mathilde a deux frères et une sœur.	☐	☒
4. Elle joue beaucoup avec ses frères et sœurs.	☒	☐
5. Paul habite avec sa mère à Colmar.	☐	☒
6. Son hamster, c'est son copain.	☒	☐
7. Le beau-père de Maxime est sympa.	☐	☒
8. Julien a trois frères.	☐	☒
9. Il passe le week-end à Paris avec son père.	☐	☒

1. Jade est de Lyon.

3. Elle a un frère et deux sœurs.

5. Paul habite avec son père à Colmar.

7. Le beau-père de Maxime crie toujours.

8. Il a deux frères.

9. Son père est à Paris pendant la semaine, mais il passe le week-end avec sa famille.

Écouter et comprendre

CD 32

3 **Écoute et complète.** | **Die Geschwister der Kinder, die die Leserbriefe im Buch, S. 51, geschrieben haben, melden sich zu Wort. Lies die Briefe noch einmal und hör dir danach diese Texte an. Ergänze die Sätze mit den richtigen Namen. Ein Name bleibt übrig.**

1. Arthur est dans la famille de Jade.
2. Rose est dans la famille de Mathilde.
3. Clément est dans la famille de Paul.

~~Mathilde?~~ Simon? ~~Paul?~~ ~~Jade?~~

Vocabulaire

4 **Retrouve les nombres de** *un* **à** *dix* **dans la grille et complète.** | **Finde die Zahlen von** *1–10* **im Wortgitter wieder und schreibe sie auf.**

A	S	N	E	U	F	A	D	E	R
U	N	D	G	I	H	S	I	N	U
D	E	U	F	R	A	H	U	I	T
A	L	A	D	E	U	X	I	K	O
U	S	E	P	T	I	O	U	P	O
Q	U	A	T	D	I	X	S	I	Z
S	I	S	T	R	O	S	I	X	L
T	R	O	I	S	A	C	I	N	K
J	O	U	Q	U	A	T	R	E	S
C	I	N	Q	U	T	R	I	L	B

1. un
2. deux
3. trois
4. quatre
5. cinq
6. six
7. sept
8. huit
9. neuf
10. dix

5 **Écris le numéro des pages de ton carnet jusqu'à** *vingt* **en toutes lettres.** | **Schreibe die Seitenzahlen dieses Arbeitsheftes bis** *20* **aus.** (▶ Les nombres en français, p. 173)

Grammaire

6 **Complète par** *mon, ma, mes, ton, ta, tes, son, sa, ses.* | **Lukas stellt Théo seine Familie vor. Ergänze den Dialog.**

Lukas: Regarde. Là, c'est mon père. Il parle avec ma tante Anna, c'est sa sœur.

Théo: Et là, ce sont tes grands-parents?

Lukas: Oui. Et les enfants entre mon grand-père et ma grand-mère, ce sont mes cousins.

Théo: Et là, c'est ta mère?

Lukas: Oui. Et regarde, là c'est ma cousine, Marie. Elle habite à Paris avec son père et sa belle-mère.

Théo: J'ai aussi un cousin à Paris! Il habite à Montmartre avec ses parents et mon grand-père.

7 **Complète avec le verbe à la forme qui convient. | Ergänze die Sätze mit der passenden Form des Verbs aus dem vorangehenden Satz.** **(▶ La conjugaison des verbes, p. 174)**

1. Le beau-père de Simon crie beaucoup. Et les parents de Zoé, ils crient aussi?
2. – Tu habites à Illkirch?
   – Oui, et vous, vous habitez où?
3. Après l'école, Clara garde sa sœur. Moi, je garde mon frère.
4. Clara rêve sur son lit. Et toi, tu rêves aussi?
5. Jade passe les vacances chez son père. Nous passons le week-end ensemble.
6. – Yasmine, tu rentres avec ton frère?
   – Non, aujourd'hui, il rentre avec ses copains, je rentre avec vous.
   – Super, on rentre ensemble!

8 **a** **Retrouve les formes des verbes et complète.** **(▶ La conjugaison des verbes, p. 174)**

être		avoir	
je	suis	j'	ai
tu	es	tu	as
il/elle	est	il/elle	a
nous	sommes	nous	avons
vous	êtes	vous	avez
ils/elles	sont	ils/elles	ont

b *Être* **ou** *avoir*? | **Ergänze Annabelles Brief mit den passenden Formen von** *être* **oder** *avoir*.

Comment ça va, dans ta famille?

Ma famille

J'/~~Je~~ ___ai___ treize ans. Je/~~J'~~ ___suis___ de Strasbourg. Mes parents ___sont___ séparés, alors, j'habite à Marseille avec ma mère, son copain et mes frères et sœurs. Nous ___sommes___ trois enfants. Mon frère ___a___ quinze ans et ma sœur onze ans. Mon frère ___est___ toujours avec ses copains. Ma sœur et moi, nous ___sommes___ toujours ensemble. Nous ___avons___ aussi un hamster, Chouchou. Le copain de ma mère ___est___ sympa. Il ___a___ aussi des enfants. Ils ___ont___ dix-neuf et vingt ans. Pendant la semaine, ils ___sont___ à Paris. Ils rentrent le week-end. On rigole bien!

Annabelle

9 **Complète le poème.** | **Vervollständige das Gedicht.**

Azouz

Du kannst auch einen Rap daraus machen.

Moi, ___c'est___ Azouz.
Je suis ___de___ Toulouse[1].
___Je suis___ en cinquième
Avec ___mon ami___ Bassem.
___Mon___ père ___travaille___ à Paris.
Ma ___mère___ travaille ici.
J'___ai___ des frères et sœurs:
Deux ___frères___ et une ___sœur___!
J'ai dix ___cousins___ et cousines
Et j'ai un tas de[2] copines!

1 **Toulouse** *Stadt in Südfrankreich*
2 **un tas de** viele

Écrire

10 **Et toi, comment ça va, dans ta famille? Écris une lettre comme Mathilde, Paul, Jade ... Tu peux aussi inventer une famille.** | **Schreibe einen Brief wie Mathilde, Paul, Jade, ... Du kannst auch eine Familie erfinden.** (▶Textes, p. 51)

VOLET 4

Écouter et comprendre

CD 33 **1** Regarde les dessins et écoute. Qu'est-ce qui va ensemble? Note. | Ordne zu. Nicht alle Sprecher haben ein Tier und nicht alle Tiere haben einen Besitzer!

a Astrid b Charles c Florian d Zoé e Mélanie f Abdel

1 b

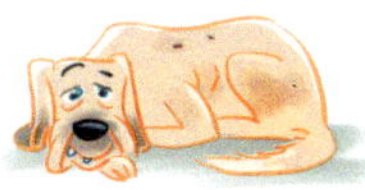
2 f

3 e

4 a

5 c

6

2 **a** Ils ont quel âge, ces animaux? | Wie alt sind diese Tiere? Rechne und schreibe deine Ergebnisse auf.

1. 4 + 10 +  = 2 + 18 —  = 6
2. 7 + 7 +  = 4 + 15 —  = 5
3. 4 + 13 +  = 3 + 16 —  = 2
4. 4 + 4 +  = 10 + 10 —  = 12
5. 6 +  = 18 + 2 —  = 14
6. 6 + 6 +  = 1 + 15 —  = 4

b Compare avec ton/ta partenaire. | Lest euch abwechselnd die Gleichung mit den Ergebnissen auf Französisch vor und vergleicht.

Exemple:
1. Quatre plus dix plus chat égale deux plus dix-huit.
   Chat égale six. Le chat a six ans.

+ *sprich:* [plys] = *sprich:* [egal]

Grammaire et vocabulaire

3 Qu'est-ce qui va ensemble?
Relie. (▶ Repères, p. 60/3)

Il est	1	a	intelligentes.
Elle est	2	b	intelligent.
Ils sont	3	c	intelligente.
Elles sont	4	d	intelligents.

4 a Retrouve les adjectifs et écris-les. Puis, note la forme au féminin.

masculin	féminin
super	super
joli	jolie
bavard	bavarde
sympa	sympa
adorable	adorable
intelligent	intelligente
moche	moche

b Complète. Utilise des adjectifs de a. Attention à l'accord! | Achte auf die Angleichung des Adjektivs!

1 Il est moche.

2 La fille est intelligente.

3 Ils sont adorables.

4 Le chien est sympa.

5 Elle est jolie.

6 Elles sont bavardes.

Regarder et comprendre

DVD 5

5 Regarde la séquence et coche la bonne réponse. | Kreuze die richtige Aussage an.

1. C'est une interview avec ...
   [ ] Marie. [X] Laurine.
2. Elle a ...
   [X] 11 ans. [ ] 12 ans.
3. Elle habite ...
   [X] 6, rue Anatole France à Levallois.
   [ ] 8, rue Anatole France à Charleroi.
4. Elle a ...
   [ ] deux sœurs et un frère.
   [X] une sœur et deux frères.
5. Elle a ...
   [ ] un chien. [X] un chat.
6. Son animal s'appelle ...
   [X] Théo. [ ] Réglisse.

Parler

6 Prépare le dialogue et joue-le en classe. (▶ Méthodes, p. 163/13)

a Stell dir vor: Du hast eine/n französische/n Brieffreund/in. Fülle auf Französisch seinen/ihren Steckbrief aus.

Steckbrief von: ______________________

Foto

Name? ______________________

Alter? ______________________

Geschwister? ______________________

Wohnort? ______________________

Klasse? ______________________

Familienverhältnisse? ______________________
(Arbeiten die Eltern, sind sie zusammen oder getrennt?) ______________________

Haustier? ______________________
(Wenn ja, welches?)

b Auch dein/e Partner/in hat eine/n französische/n Brieffreund/in. A stellt B Fragen. B antwortet. Benutzt den Steckbrief, um auf die Fragen zu antworten.

Du willst wissen,

... wie der/die Brieffreund/in heißt.

... wie alt er/sie ist.

... ob er/sie Geschwister hat.

... wo er/sie wohnt.

... in welche Klasse er/sie geht.

... ob seine/ihre Eltern arbeiten, ob sie zusammen oder getrennt sind.

... ob er/sie ein Haustier hat.

c Tauscht die Rollen. A beantwortet die Fragen von B.

Écrire

7 **Voilà ma famille. | Baptiste stellt seine Familie vor. Trenne die Wörter voneinander und schreibe den Text auf. Denke daran, die Akzente und Satzzeichen zu setzen.**

JA|I|UN|FRERE|IL|S|APPELLE|TOM|IL|A|QUINZE|ANS|ET|VOILA|MON|CHAT|IL|EST|SYMPA

J'ai un frère. Il s'appelle Tom. Il a quinze ans. Et voilà mon chat. Il est sympa.

8 **a** **Regarde l'image et réponds. | Schau dir das Bild an und antworte.**

1. Dies ist …
   - a ☐ eine Werbung für einen Zoo.
   - b ☒ ein Filmplakat.
   - c ☐ eine Anzeige für Ferien auf dem Bauernhof.

2. Woran erkennst du das?

1. Im Untertitel steht das Wort „film".

2. Es sieht aus wie deutsche Filmplakate.

b **Décris l'image. | Beschreibe das Bild in deinem Heft. Dazu kannst du folgende Redemittel benutzen:**

À droite / À gauche Devant/Derrière ___ Sur ___	il y a ___.	Le ___ / La ___ est	adorable. joli/e. super, cool. sympa. moche.	le poussin[1] le cochon[2] la poule[3] le papillon[4]

Weitere Vokabeln kannst du auch in einem Wörterbuch nachschlagen.

1 le poussin das Küken **2 le cochon** das Schwein **3 la poule** das Huhn **4 le papillon** der Schmetterling

c **Un animal se présente et parle de ses copains. Raconte. | Ein Tier stellt sich vor. Schreibe in dein Heft, was es erzählt.**

Moi, c'est ___. Je m'appelle ___. Voilà mon ami/e ___.	*être* ensemble *jouer* avec qn *habiter* à *rigoler* *rêver*	Il/elle m'énerve. *avoir* un caractère de chien	intelligent/e bavard/e ___

MA PAGE

C'EST MON ANIMAL!

Présente ton animal préféré pour le concours de l'animal le plus sympa. | Stell dein Lieblingsstier für den Wettbewerb des schönsten Tieres vor. Verwende z. B. ein Foto und schreibe kleine Texte dazu. Diese Seite kannst du für dein Plakat in der *Tâche A* im Buch, S. 58, verwenden.

1 Die Zahlen von 1 bis 20

Donne les résultats de la course. | Gib die Ergebnisse des Wettlaufs bekannt.

Voilà le quatre, ______________________

____

____

2 Wortschatz

Complète.

Le **1** et la **2** de Clara ont un bar à jus de fruits. Le week-end, ils **3** aussi à la Vitamine C et rentrent **4**. Alors Clara, son **5** Alexandre et sa **6** Camille **7** le week-end avec les **8**. Ils **9** aussi à Strasbourg, c'est **10**. Et Filou, c'est qui? C'est le **11** de Lukas? Non, c'est le **12** de Clara.

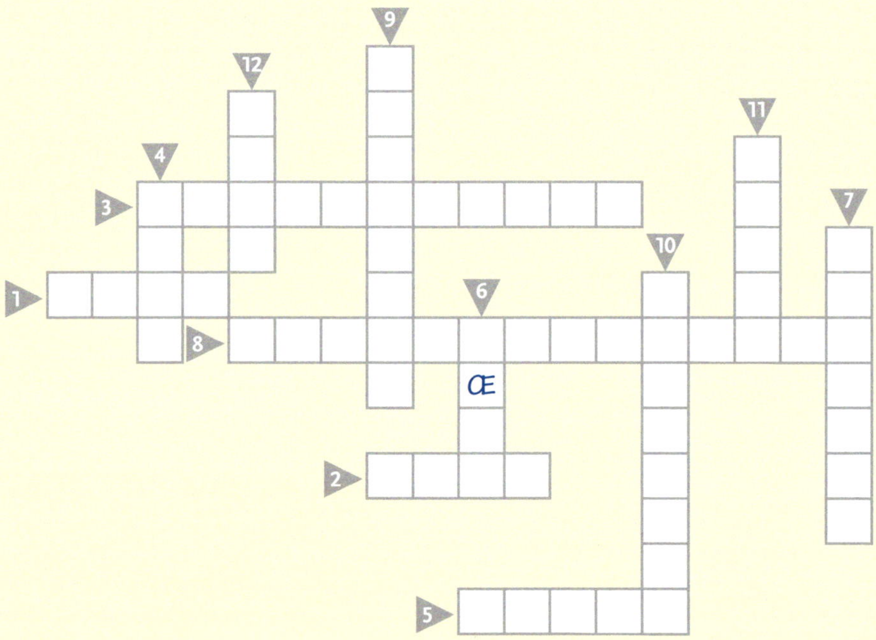

3 Die Verben *être* und *avoir*

Complète. | Vervollständige die Sätze mit den passenden Formen von *avoir* oder *être*.

Salut, moi c'__________ Ambre! J'__________ 13 ans. Je __________ en cinquième, dans une école de Strasbourg. À la maison, nous __________ trois enfants. J'__________ un frère et une sœur, Arthur et Anabelle. Ils __________ 14 et 15 ans. Ils __________ cool. Mon frère __________ dans un groupe de rock. Ma sœur et moi, nous __________ une collection de bédés. Il y __________ aussi Toby, le chien. Et vous, vous __________ des frères et sœurs? Vous __________ aussi de Strasbourg?

4 Die Possessivbegleiter

Complète. Utilise *mon, ma, mes, ton, ta, tes, son, sa, ses.*

Salut Laurie!

Voilà des photos de ________ école. Les filles et les garçons, ce sont ________ copains. Il y a Fiona et Jil. Fiona est toujours avec ________ guitare et Jil avec ________ bédés. Entre ________ deux copines, c'est Mehdi avec ________ frère Sami. Il est très sympa aussi. Il n'est pas dans ________ classe, mais en cinquième.

Toi et ________ parents, ça va? ________ adresse, c'est toujours 3, place Bellecour à Lyon? J'ai toujours ________ livre sur les animaux!

À plus, ________ copine, Sara.

5 Das Adjektiv

Mets les noms et les adjectifs à la forme correcte. | Ergänze mit den Nomen und den Adjektiven in der richtigen Form.

1. Le ________________ de Lukas est ______________________. (chien / intelligent)
2. Mes ____________________________ sont ______________________. (frère et sœur / bavard)
3. La ______________________ de Léo est ______________________. (chambre / joli)
4. Tes ______________________ sont ______________________. (tante / bavard).
5. Les ______________________ de Clara sont ______________________. (cousin / sympa)

6 Qu'est-ce qu'on dit?

Dis le contraire! Dans certains cas, il y a plusieurs possibilités. | Sage das Gegenteil! In manchen Fällen gibt es mehrere Möglichkeiten.

1. Ses parents rentrent **tard**. ≠ ____________________________
2. La photo est **moche**. ≠ ____________________________
3. Je passe les vacances à Strasbourg. **C'est l'horreur**. ≠ ____________________________ ____________________________
4. Ses parents **sont ensemble**. ≠ ____________________________
5. Ma mère est **au chômage**. ≠ ____________________________
6. Mon lapin est **adorable**. ≠ ____________________________

Solutions, p. 82

LE FRANÇAIS EN CLASSE (3)

1 **Qu'est-ce que tu dis? Coche. | Was sagst du auf Französisch? Kreuze an.**

1. Du weißt etwas nicht.
   - a [X] Je ne sais pas.
   - b [ ] Je ne comprends pas.
   - c [ ] J'ai une question.
2. Ist das richtig?
   - a [ ] C'est super?
   - b [X] C'est juste?
   - c [ ] C'est tout près?
3. Du hast deine Hausaufgaben nicht.
   - a [ ] Je ne comprends pas l'exercice.
   - b [ ] Pardon Monsieur, j'ai une question.
   - c [X] Je n'ai pas mes devoirs.
4. Du möchtest, dass dein Lehrer etwas wiederholt.
   - a [ ] Vous pouvez regarder, s'il vous plaît?
   - b [X] Vous pouvez répéter, s'il vous plaît?
   - c [ ] Vous pouvez parler plus fort, s'il vous plaît?

2 **Retrouve les questions. | Lies die Antworten und schreibe die passenden Fragen auf.**

1. *On travaille ensemble* ?
   D'accord! Je suis B.
2. *C'est juste* ?
   Oui, c'est juste.
3. *Tu notes* ?
   D'accord, je note.

4. *Est-ce que je peux fermer la fenêtre* ?
   Oui, ferme la fenêtre.
5. *«Fenêtre», qu'est-ce que ça veut dire* ?
   Ça veut dire «Fenster».
6. *Vous pouvez répéter, s'il vous plaît* ?
   Oui, je répète, mais écoute bien!

3 **Retrouve les mots. | Finde die Wörter wieder und schreibe sie auf.**

sem- | -credi | je- | ven- | ma- | -aine | -dredi | lun- | -rdi | -edi | -udi | mer- | -di | dim- | -anche | sam-

semaine, lundi, mardi, mercredi, jeudi, vendredi, samedi, dimanche

4 **a** Relie. | Sechs französische Wochentage wurden nach den Planeten und dem Mond benannt. Welcher Tag bezieht sich auf welchen Planeten? Verbinde.

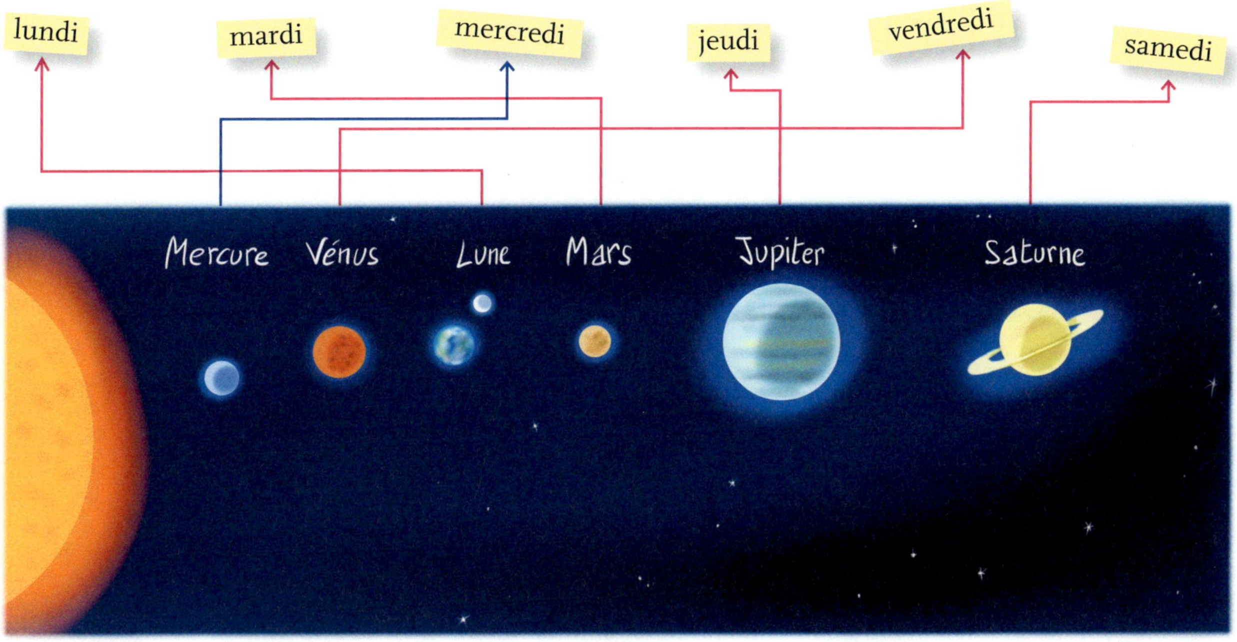

b Note les jours de la semaine. | Schreibe die sieben Wochentage in der richtigen Reihenfolge auf.

lundi, mardi, mercredi, jeudi, vendredi, samedi, dimanche

CD 34 **c** Écoute et répète. | Hör dir die Wochentage an, sprich nach und klatsche mit.

CD 35 **5** **a** Écoute et complète le poème. | Hör dir das Gedicht an und vervollständige es.

1. Bonjour, Madame Lundi !
2. Comment ça va, Madame Mardi ?
3. Très bien, Madame Mercredi !
4. Dites[1] à Madame Jeudi
5. De venir[2] vendredi
6. Danser[3] samedi
7. Dans la salle de Dimanche .

[1] **dites** ... sagen Sie [2] **de venir** zu kommen [3] **danser** tanzen

b À toi. Écris ton poème. | Du bist dran. Schreib ein eigenes Gedicht.

comment ça va très bien pas mal ça va bof super
téléphoner chatter rêver écouter des CD jouer travailler regarder la télé chanter
la classe l'école la maison la chambre la cuisine l'appartement ___

1. Bonjour, Monsieur Jeudi!
2. Comment ça va, Monsieur Vendredi?
3. Ça va, Monsieur Samedi.
4. Dites à Monsieur Dimanche
5. De venir lundi
6. Rêver mardi
7. Dans la maison de Mercredi.

IL EST QUELLE HEURE?

1 **a** Il est quelle heure? | Wie spät ist es? Schreibe die Nummer der Uhr zu der passenden Uhrzeit.

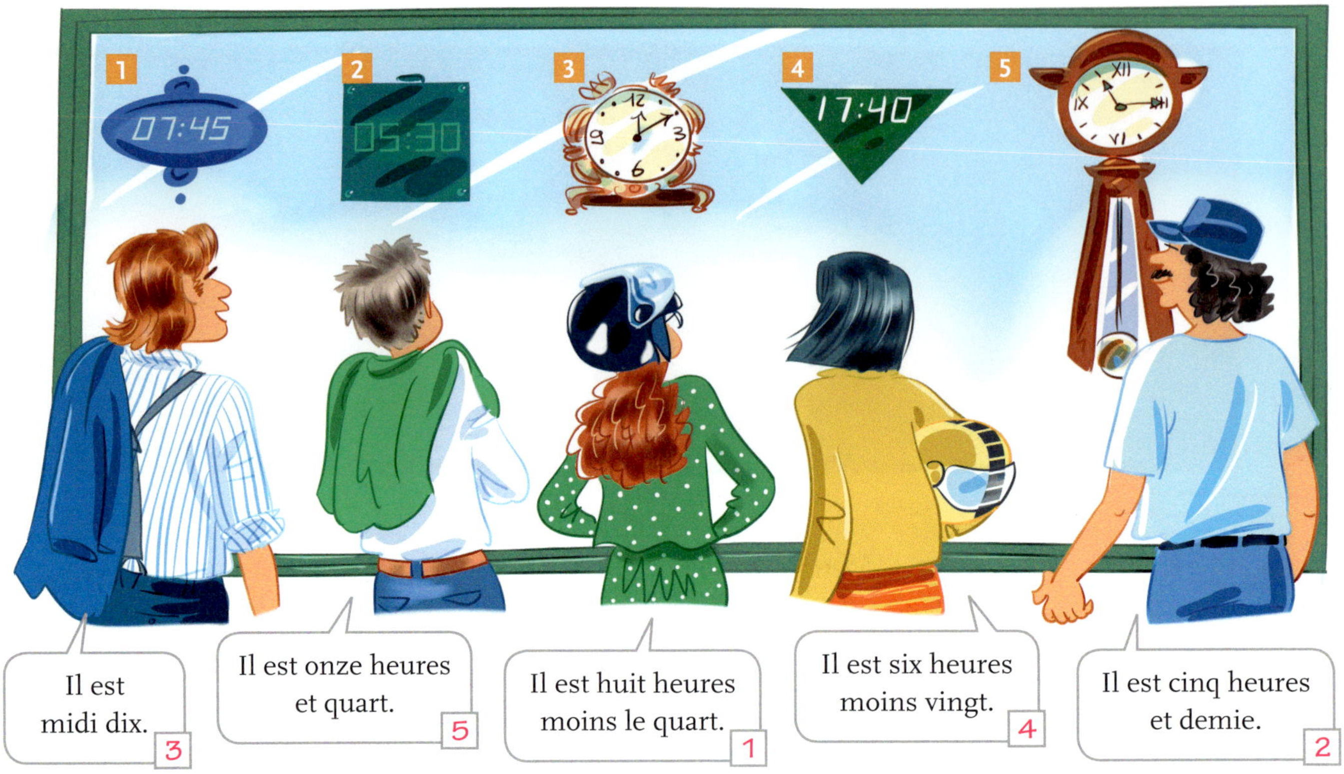

CD 36 **b** Écoute et répète. | Hör zu und sprich nach.

2 **a** Complète par *le* ou *et*. | Ergänze mit *le* oder *et*, wenn nötig.

1. 16:45 cinq heures moins __le__ quart
2. 20:30 huit heures __et__ demie
3. 16:35 cinq heures moins __X__ vingt-cinq
4. 07:20 sept heures __X__ vingt
5. 11:50 midi moins __X__ dix
6. 08:15 huit heures __et__ quart

b Note. | Schreibe auf, wie spät es ist.

1.  Il est trois heures et demie.

3.  Il est midi/minuit.

2.  Il est six heures moins le quart.

4.  Il est huit heures et quart.

3 Il est quelle heure? | Wie spät ist es? Touristen fragen nach der Uhrzeit und verstehen die Antwort nicht. Du hilfst ihnen. Vervollständige die Tabelle.

Es ist …		Il est …
viertel nach fünf		cinq heures et quart
zwanzig nach drei		trois heures vingt
halb acht		sept heures et demie
zehn nach zwölf		midi dix

CD 37

4 a Écoute la chanson et complète. | Hör dir das Lied an und vervollständige es.

«Vite, Léonard,
On est en retard!
Il est quatre heures et quart.»

«Mais non, Constance,
Ta montre avance.
On n'est pas en retard
Et on n'est pas en avance.»

«Il est quelle heure?»

«Il est quatre heures,
On est à l'heure.
À la bonne heure!»

Refrain
Avant l'heure, c'est pas l'heure,
Après l'heure, c'est plus l'heure.

Ne cherche pas midi à
14 heures,
L'heure, c'est l'heure!

b Comment est-ce que tu dis cela? | Wie sagst du das auf Französisch? Finde die passenden Sätze im Lied wieder.

1. Wir sind zu spät.
On est en retard.

2. Deine Uhr geht vor.
Ta montre avance.

3. Wie spät ist es?
Il est quelle heure?

4. Wir sind pünktlich.
On est à l'heure.

c À vous! | Fragt euch gegenseitig nach der Uhrzeit und antwortet.

Nur für Schüler/innen mit Vorkenntnissen Französisch

MES COPAINS ET MES ACTIVITÉS

CD 38

1 a Qui fait quoi? Écoute et coche. | Wer macht was? Hör zu und kreuze an.

1.

A [ ]

le basket

B [X]

le tennis

C [ ]

le badminton

2.

A [X]

la danse

B [ ]

le foot

C [ ]

le ping-pong

3.

A [ ]

le handball

B [ ]

le ski

C [X]

l'équitation

4.

A [ ]

le volley

B [ ]

l'aviron

C [X]

le judo

b C'est quel sport? Écris les mots dans les moules. | Welche Sportart ist das? Schreibe die Wörter, die du kennst, in die Backformen oben.

CD 39

2 C'est quel instrument de musique? Écoute et coche. | Welches Musikinstrument hörst du? Kreuze das richtige an.

	a	b	c
1.	[ ] le piano	[X] la flûte	[ ] la trompette
2.	[X] la guitare	[ ] les percussions	[ ] le violon
3.	[ ] la flûte	[X] les percussions	[ ] le violon
4.	[ ] la trompette	[ ] le violon	[X] le piano
5.	[ ] le violon	[X] la trompette	[ ] la guitare
6.	[X] le violon	[ ] le piano	[ ] les percussions

3 Retrouve les mots et écris-les. | Finde die sechs Wörter wieder und schreibe sie zum passenden Bild.

vélo|cartes|chanter|gymnastique|théâtre|skate

1. faire de la gymnastique

4. chanter

2. jouer une partie de cartes

5. faire du vélo

3. faire du skate

6. faire du théâtre

CD 40

4 a C'est qui? Écoute et devine. | Hör zu und finde heraus, wer spricht. Schreibe den passenden Vornamen auf.

A

B

C

D

E

F

1. C'est Mathieu (F).
2. C'est Zaïa (C).
3. C'est Félix (B).
4. C'est Liane (A).
5. C'est Salim (D).
6. C'est Lilli (E).

b Et toi? Qu'est-ce que tu fais? Est-ce que tu as un hobby? Raconte. | Und was machst du? Hast du ein Hobby? Tauscht euch zu zweit aus.

Moi, je fais de la guitare.

Mon hobby, c'est le judo.

VOLET 1

Vocabulaire

1 a Complète les mots croisés. | Löse das Kreuzworträtsel. Schreibe die Nomen ohne Artikel auf.

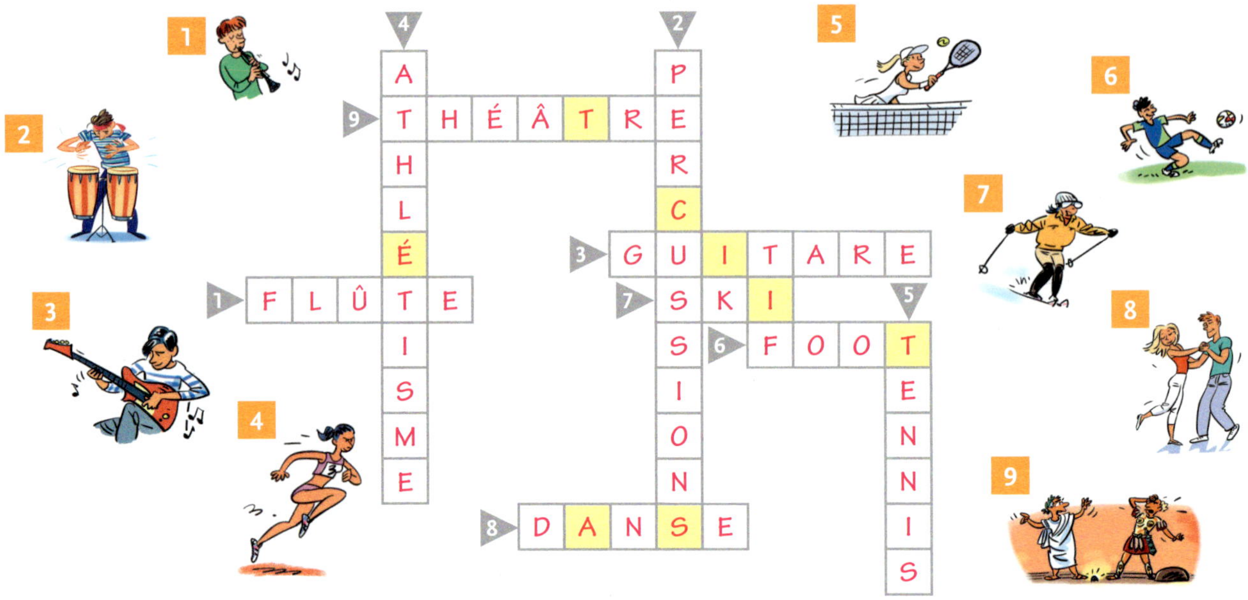

b Trouve le mot-clé. | Die markierten Felder ergeben ein Lösungswort. Schreibe es auf.

les A C T I V I T É S

2 a Retrouve les mots et écris-les avec l'article défini. | Stelle die Nomen wieder richtig zusammen und schreibe sie mit dem bestimmten Artikel auf. (▶ Liste des mots, p. 198)

gui	nis
thé	se
ten	tare
dan	âtre
percus	que
athlé	te
flû	sions
musi	tisme

la guitare, le théâtre, le tennis, la danse, les percussions,

l'athlétisme, la flûte, la musique

b Range les mots de b dans la bonne colonne. | Ordne die Wörter aus b in die richtige Spalte ein. (▶ Repères, p. 77/1)

On fait **du**	On fait **de la**	On fait **de l'**	On fait **des**
tennis	guitare	athlétisme	percussions
théâtre	danse		
	flûte		
	musique		

Grammaire

3 **Complète par les formes de *faire*. | Ergänze die Sätze mit den Formen von *faire*.** (▶ La conjugaison des verbes, p. 175)

1. – Yasmine, tu ___fais___ du sport?
2. – Oui. Je ___fais___ de l'athlétisme, et avec ma copine Clara, on ___fait___ du théâtre. Et nous ___faisons___ aussi de la musique.
3. – Vous ___faites___ de la musique ensemble?
4. – Oui.
5. – Et tes frères et sœurs?
6. – Mes deux frères ___font___ du foot et de l'athlétisme. Ma sœur ___fait___ de la danse.

Apprendre à apprendre

4 **a** **Eine Höraufgabe, bei der du nur bestimmte Informationen verstehen sollst, kannst du so vorbereiten:**

– **Lies dir zunächst einmal die Aufgabe b genau durch und beantworte folgende Fragen:**
1. Wie heißen die Personen, um die es geht?
2. Um welche Sportarten und Hobbys geht es?

– **Hör dir jetzt erst den Text an und löse die Aufgabe b.**

CD 41

b **Écoute. Qui fait quoi? Relie. | Wer macht was? Ordne zu. Mehrere Antworten sind möglich.**

Pierre **1**
Magali **2**
Inès **3**
Louis **4**

a fait de l'athlétisme.
b fait de la danse.
c fait des percussi.
d fait de l'aviron.
e fait du ski.
f fait du théâtre.
g fait de la guitare.

c **Qu'est-ce qu'ils font? Utilise tes réponses de b et présente les quatre jeunes et leurs hobbys. | Verwende deine Antworten aus b und stelle die vier Jugendlichen und ihre Hobbys vor.**

Pierre fait des percussions, de la guitare, de l'aviron et du ski.

Magali fait de l'athlétisme.

Inès fait de l'athlétisme, de la danse et du théâtre.

Louis fait des percussions, de l'aviron et du ski.

Lire et comprendre

5 a Regarde, lis et réponds. | Schau dir diese Anzeige an, lies sie und antworte.

UCPA[1]
vacances[2] sportives

Vacances sportives l'UCPA, c'est:

- Être actif toute l'anneé: **en été ou en hiver**, dans différentes régions: à la mer, à la montagne ou à la campagne.
- Plus de **60 activités sportives**: ski, snowboard, surf, catamaran, tennis, badminton, aviron, vélo, roller, équitation, golf ...
- **3 tranches d'âge**, pour trouver des nouveaux copains: Les kids (7–11ans), les teens (11–13 ans) et les juniors (13–17 ans)
- Un encadrement des activités par des **professionnels de l'animation** et des **moniteurs sportifs diplômés**.

1 **UCPA (Union Nationale des Centres sportifs de plein air)** Reiseveranstalter für Aktivurlaub **2 les vacances** *f. pl.* die Ferien

1. Wofür wirbt diese Anzeige? Aktivurlaub / des vacances sportives

2. Was wird angeboten? sportliche Freizeitaktivitäten / des activités sportives

3. Wie viele Angebote gibt es? 60 (Freizeitaktivitäten / activités sportives)

4. Für welche Altersgruppen sind die Angebote? 7–11 Jahre /ans (kids), 11–13 Jahre / ans (teens), 13–17 Jahre / ans (juniors)

b Vrai ou faux? Coche. | Richtig oder falsch? Lies die Anzeige noch einmal und kreuze an.

À l'UCPA, ...	vrai	faux
1. ... on fait de la musique.	☐	☒
2. ... il y a seize sports.	☐	☒
3. ... il y a aussi des activités, en hiver.	☒	☐
4. ... ton frère (15 ans) et toi, vous faites du sport ensemble.	☐	☒

VOLET 2

Vocabulaire

1 **Complète. | Ergänze die fehlenden Nomen.**

Les hobbys de mes copains:

1. Mathéo fait du ___foot___ . Il aime aussi le ___ski___ 

   et il adore l'___aviron___ .

2. Flore fait de la ___flûte___ . Elle adore aussi chanter. C'est l'horreur!

   Le week-end, nous faisons du ___vélo___  ensemble.

3. Lili aime la ___musique___  et le ___théâtre___  et elle

   adore le ___dessin___  et les ___chats___ .

4. Ludovic déteste le ___foot___ . Il aime la ___bédé/lecture___ 

   et

   il adore le ___dessin___ . Il fait aussi de la ___guitare___ .

Écouter et comprendre

CD 42 **2** **a** **Écoute le texte. | Hör dir den Text an. Von welchen Hobbys und Sportarten ist die Rede? Kreuze an.** (► Apprendre à apprendre, p. 67/4a)

[X] la musique classique	[ ] le théâtre	[ ] le tennis	[X] le rap	[X] danser	[ ] le vélo
[X] chanter	[X] le foot	[ ] la guitare	[X] la bédé	[ ] les animaux	[X] Titeuf
[X] le dessin	[ ] le cinéma	[ ] le rock	[X] le sport	[X] l'athlétisme	[X] la lecture

CD 42 **b** **Écoute le texte encore une fois. Qui aime quoi? | Hör dir den Text noch einmal an und notiere, wer was mag oder nicht mag.**

	aime 	n'aime pas 
Mathilde	la musique classique, le foot	le rap
Paul	le rap, le foot, le sport	l'athlétisme, danser
Margot	danser, chanter, la bédé, Titeuf	le foot
Arthur	le rap, la lecture, le dessin	le foot, Titeuf

c **Suche dir eine/n der vier Jugendlichen aus und stelle schriftlich vor, was diese Person mag oder nicht mag. Schreibe in dein Heft.**

Parler

3 **Fais le tandem avec ton/ta partenaire.** | **Mit diesem Tandembogen übt ihr:**

die Verben	*aimer/adorer/détester/préférer*	+ *le/la/l'/les*	+ Nomen.
und das Verb	*faire*	+ *du / de la / de l' / des*	

Lest euch noch einmal die Übungsanweisungen für die Tandembögen auf S. 14 durch. Vergesst nicht euer eigenes Beispiel in dem freien Feld am unteren Seitenrand aufzuschreiben.

Partenaire A

1. **A:** Noah aime le sport?

   (**B:** Oui, il adore le sport. Il fait de l'athlétisme et du foot.)

2. (**B:** Clara déteste le sport?)

   A: Non, elle *(aimer* – le sport*)*.

   Elle *(faire* –  *)*.

3. **A:** Lukas aime le sport?

   (**B:** Oui, il aime le sport, il fait du tennis.)

4. (**B:** Il aime aussi la musique?)

   A: Oui, il *(aimer* – la musique*)*.

   Il *(faire* –  *)*.

5. **A:** Amandine aime la musique?

   (**B:** Oui, elle adore la musique. Elle fait de la flûte.)

6. (**B:** Yanis déteste la musique?)

   A: Non, il *(adorer* – la musique).

   Il *(faire* –  *)*.

7. **A:** (Individuelle Lösungen) ______________________

   (**B:** ______________________)

Partenaire B

1. (**A:** Noah aime le sport?)

   B: Oui, il *(adorer* – le sport*)*.

   Il *(faire* –  et –  *)*.

2. **B:** Clara déteste le sport?

   (**A:** Non, elle aime le sport. Elle fait de l'athlétisme.)

3. (**A:** Lukas aime le sport?)

   B: Oui, il *(aimer* – le sport*)*. Il *(faire* –  *)*.

4. **B:** Il aime aussi la musique?

   (**A:** Oui, il aime la musique, il fait de la flûte.)

5. (**A:** Amandine aime la musique?)

   B: Oui, elle *(adorer* – la musique*)*.

   Elle *(faire* –  *)*.

6. **B:** Yanis déteste la musique?

   (**A:** Non, il adore la musique et il fait des percussions.)

7. (**A:** ______________________)

   B: ______________________

Grammaire

4 Retrouve l'ordre des mots et écris les phrases. | Finde die Reihenfolge der Wörter wieder und schreibe die Sätze auf. (▶ Repères, p. 78/3)

1. rock déteste pas ne Ben le . Ben ne déteste pas le rock.
2. aime Lucie pas le n' dessin . Lucie n'aime pas le dessin.
3. n' là Max pas est . Max n'est pas là.

5 a Complète. Utilise *ne … pas*. (▶ Repères, p. 78/3)

b À toi. Écris encore deux dialogues comme en **a**. | Schreibe zwei weitere Dialoge in dein Heft.

6 Complète. | Ergänze mit den richtigen Formen von *préférer*.

1. Lou aime la guitare, mais elle préfère les percussions.
2. Tu aimes la flûte, mais tu préfères la guitare?
3. Vous aimez le dessin, mais vous préférez la musique.
4. Tom et Marie aiment l'athlétisme, mais ils préfèrent le tennis.
5. Nous aimons le foot, mais nous préférons l'athlétisme. Et toi?
6. J'aime (Individuelle Lösung)

7 *Faire du, de la, de l', des* **oder** *aimer/adorer/préférer/détester le, la, l', les*? **Complète. | Vervollständige die Texte.**

Voilà Tim et son copain Tom. Ils font ___de l’___ aviron. Ils aiment aussi ___le___ foot, mais ils préfèrent ___l’___ aviron. Ils adorent ___la___ musique: Tim fait ___de la___ guitare et Tom fait ___des___ percussions.

Et là, ce sont Lucie et sa copine Léa. Les deux filles font ___du___ théâtre. Elles aiment aussi ___la___ musique: Lucie fait ___de la___ guitare et Léa chante. Elles font ___de la___ musique avec Tim et Tom. Elles aiment aussi ___le___ dessin. Léa adore ___les___ bédés de Titeuf. Mais les deux filles détestent ___le___ sport.

Écrire

8 **Complète les mots par les bonnes lettres. | Setze die Buchstaben mit dem richtigen Akzent in die Wörter ein.**

é, è, ê, à, â

Moi, je d_é_teste le sport. Je pr_é_f_è_re le dessin.

Je fais aussi du th_é_â_tre _à_ l’_é_cole. Et j’aime _ê_tre avec mes copains.

9 **Un copain français te pose des questions. Tu réponds dans ton cahier. | Ein französischer Freund stellt dir Fragen. Beantworte sie in deinem Heft.**

1. Tu as quel âge?
2. Moi, j’habite à Marseille. Et toi?
3. J’ai une sœur et un frère. Et toi?
4. Tu as des animaux?
5. Qu’est-ce que tu préfères: le foot ou le tennis?
6. Mon groupe préféré, c’est les BB Brunes. Et ton groupe préféré?
7. Je fais de la danse. Et toi, qu’est-ce que tu fais?

10 **Présente ton copain / ta copine. Qu’est-ce qu’il/elle aime? Qu’est-ce qu’il/elle déteste? Qu’est-ce qu’il/elle fait? Raconte. | Stelle deine/n Freund/in vor. Erzähle, was er/sie gerne oder nicht gerne macht und welche Hobbys er/sie hat. Verwende:**

Il/Elle aime	le/la/l’/les ___.
Il/Elle n’aime pas	chanter/rêver/chatter.
Il/Elle adore	jouer/être ___.
Il/Elle déteste	regarder ___ / écouter ___.
Il/Elle préfère	faire du / de la / de l’ / des ___.

Sa ___ préférée, c’est ___
Son ___ préféré, c’est ___
Il/Elle est fan de ___
Son truc, c’est ___

VOLET 3

Lire et comprendre

1 **Lis les phrases et retrouve l'ordre du dialogue. Écris-le dans ton cahier. | Lies die Sätze und stelle die richtige Reihenfolge des Dialogs wieder her. Schreibe ihn in dein Heft. Die Buchstaben ergeben in der richtigen Reihenfolge ein Lösungswort.**

7 É – Oui, ça va.
2 I – Je ne sais pas encore ...
4 E – Oh, merci, c'est sympa! C'est une super idée! Je demande à ma mère ...
6 T – Trop cool! On passe chez toi à 10 heures. D'accord?
3 B – Écoute, dimanche, on veut faire une balade à la Montagne des singes et ... je t'invite. Mes parents sont d'accord!
1 L – Qu'est-ce que tu fais, ce week-end?
5 R – Super, ma mère est d'accord!

À la Montagne des singes, il y a des singes en L I B E R T É.

Vocabulaire

2 a **Matti hat die neuen Nomen des Volet 3 in ein Vokabellernprogramm eingegeben, aber das Programm spinnt und hat die Selbstlaute von den Mitlauten getrennt. Schreibe die Nomen vollständig mit dem bestimmten Artikel auf.** (▶ Liste des mots, p. 201)

voyelles *(Selbstlaute)* = A E I O U Y

consonnes *(Mitlaute)* = B C D F G H J K L M N P Q R S T V W X Z

	consonnes	voyelles	
1.	w k - n d	e e e	le week-end
2.	d m n c h	i a e	le dimanche
3.	b l d	a a e	la balade
5.	s n g	i e	le singe
6.	d	i é e	l'idée
7.	p r c	a	le parc
8.	l b r t	i e é	la liberté
9.	h r	e u e	l'heure
10.	m n t g n	o a e	la montagne

b **À toi! | Erfinde weitere Worträtsel wie in a für deinen/deine Partner/in.** (▶ Liste des mots, p. 198)

Grammaire

3 *pou-* **ou** *peu-*? *vou-* **ou** *veu-*? **Complète les formes des verbes** *pouvoir* **et** *vouloir*.

p o u voir	**v o u loir**
je p e u x	je v e u x
tu p e u x	tu v e u x
il/elle p e u t	il/elle v e u t
nous p o u vons	nous v o u lons
vous p o u vez	vous v o u lez
ils/elles p e u vent	ils/elles v e u lent

Vouloir, pouvoir, die sind leicht.
-x bei *je* und *tu*, das reicht!
Vier Mal steht hier *-eu-* statt *-ou-*,
denn *-ou-* steht nur bei *nous* und *vous*.

4 **Complète les dialogues avec les formes de** *pouvoir* **et** *vouloir*.

1. – Yasmine, tu joues avec moi?
   – Non, Zorah, je ne peux pas. Je travaille.
2. – Maman, est-ce qu'on peut regarder des DVD?
   – Qu'est-ce que vous voulez regarder?
   – On veut regarder le nouveau DVD de Bilal.
3. – Maman, est-ce que nous pouvons inviter Noah ce week-end?
   – Non, avec papa, nous voulons être tranquilles le week-end.
   – Oh, maman, papa, vous ne pouvez pas être contre!
4. Les enfants veulent écouter un CD mais ils ne peuvent pas: La minichaîne ne marche pas!

5 **a** **Retrouve l'ordre des mots et écris les questions.** | **Finde die richtige Reihenfolge der Wörter wieder und schreibe die Fragen in deinem Heft auf.**

b **Invente encore deux questions comme en a.** | **Denk dir noch zwei Fragen wie in a aus und stelle die Wörter um. Dein Lernpartner bringt die Wörter in die richtige Reihenfolge und beantwortet die Fragen. Schreibe die Lösungen in dein Heft.**

1. Est-ce que | le rap | aimes | tu | ?
2. du ski | Est-ce que | fais | tu | ?
3. aimes | danser | tu | Est-ce que | ?
4. tu | invites | Est-ce que | tes copains | dimanche | ?
5. l'école | fais | après | Qu'est-ce que | tu | ?
6. voulez | dimanche | vous | faire | Qu'est-ce que | ?

6 a Pose des questions. | Eure Klasse trifft sich das erste Mal mit französischen Schülern. Du bereitest Fragen vor, die du den Schülern stellen willst. Schreibe sie in deinem Heft auf. Du fragst:

Est-ce que ...?

Qu'est-ce que ...?

- ... ob er/sie die Schule mag;
- ... was er/sie gerne macht;
- ... was er/sie am Wochenende macht;
- ... ob er/sie Sport treibt;
- ... was er/sie denn macht;
- ... ob er/sie ein Tier hat;
- ... ob er/sie Titeuf mag;
- ... ob er/sie eine/n Lieblingssänger/in hat;
- ... ob er/sie einen Ausflug machen will.

b Spielt zu zweit das Gespräch der französischen und der deutschen Schüler. Eine/r stellt die Fragen, der/die andere beantwortet sie. Verwendet die Fragen aus a.

Écouter et comprendre

CD 43

7 a Vrai ou faux? Coche. | Kreuze an.

	vrai	faux
1. Camille est la sœur de Max.	☐	☒
2. Camille n'aime pas l'aviron.	☒	☐
3. Max invite Camille.	☒	☐
4. Dimanche, Camille fait de l'aviron.	☐	☒

Bevor du diese Höraufgabe löst, schlag noch einmal folgende Übung auf: ▶ *Apprendre à apprendre, p. 67/4a*. Hör dir dann den Text an und löse die Aufgaben.

CD 43

b Complète.

1. Max a ___deux___ cousins.
2. Ils veulent faire de l'___aviron___ sur l'___Ill___.
3. Ils passent chez Victor à ___huit___ heures.
4. Ils rentrent à ___six ou à sept___ heures.

Écrire

8 Écris le dialogue dans ton cahier.

Allô, c'est Yasmine/Théo?

Allô?

Stell dir vor:

Du bist in Straßburg und rufst bei Yasmine/Théo an. → Sie/Er meldet sich.

Du begrüßt sie/ihn und sagst, wer du bist (Name und Alter). Du sagst auch, dass du aus ___ kommst und neu in Straßburg bist. → Sie/Er will wissen, wo du in Straßburg wohnst.

Du sagst, dass du in der Nähe ihrer/seiner Schule wohnst und dass du Freunde suchst. → Sie/Er fragt dich nach deinen Hobbys.

Du sagst, was du magst und ihr findet einige Gemeinsamkeiten heraus. → Sie/Er schlägt vor, etwas mit dir gemeinsam zu unternehmen.

Du sagst, dass du deine Eltern fragst.

9 a Retrouve les «petits mots» dans la grille. | Lies die deutschen „kleinen Wörter" und finde sie auf Französisch im Wortgitter wieder. Schreibe die französischen Wörter in die Randspalte über die deutschen.

„Kleine Wörter" brauchst du ständig. Doch sie sind so klein, dass man sie schnell mal verlegt. Lerne sie auswendig.

E	T	C	Q	W	I	F	A	P	R	È	S
U	S	B	E	A	U	C	O	U	P	M	E
S	A	I	N	P	B	N	U	S	A	D	N
T	D	E	M	A	I	N	F	U	R	L	C
X	Y	T	R	I	E	S	Y	D	T	U	O
A	U	S	S	I	N	D	T	P	O	U	R
O	R	N	E	G	T	R	H	I	U	R	E
L	D	A	N	S	Ô	V	R	S	T	S	O
À	R	M	A	E	T	R	È	S	I	X	J
S	T	A	V	T	O	U	J	O	U	R	S
M	A	I	N	T	E	N	A	N	T	L	S
X	H	S	I	R	F	Q	V	D	J	X	P
Y	O	A	L	O	R	S	E	F	P	I	Q
P	À	R	L	P	G	B	C	H	E	Z	H

LES PETITS MOTS

bientôt	bald
et	und
ou	oder
mais	aber
avec	mit
aussi	auch
maintenant	jetzt
après	nach
toujours	immer
demain	morgen
à, dans	in (2 Wörter)
chez	bei, zu
pour	für
très	sehr
trop	zu, zu viel
là	da
alors	also
beaucoup	viel
encore	noch
partout	überall

b Complète le texte par les «petits mots». | Ergänze den Text mit fehlenden „kleinen Wörtern" aus a.

C'est __bientôt__ le week-end. Pauline veut inviter sa copine Asma. __Mais__ Asma n'est pas là. Elle est __chez__ sa tante __à__ Colmar. Elle rentre __demain__. __Alors__, Pauline invite sa copine Lou-Anne. Elle est nouvelle __à__ Strasbourg et elle est __toujours__ avec ses parents, le week-end.

MA PAGE

CE SONT MES HOBBYS!

Présente-toi. | Stell dich vor. Gestalte einen Steckbrief mit allen Informationen, die du schon auf Französisch sagen kannst. Verwende Fotos und schreibe kleine Texte dazu. Deinen Steckbrief kannst du für die *Tâche B* im Buch, S. 76, verwenden.

j'aime ___

je suis fan de ___

–

j'adore ___

c'est super/cool ___

1 Qu'est-ce qu'on dit?

Comment est-ce que tu dis cela en français? | Wie sagst du das auf Französisch? Schreibe die Sätze in dein Heft.

Wie sagst du, dass ...
1. du Rap magst?
2. Sport nicht magst?
3. du Leichtathletik hasst?
4. deine Lieblingssängerin ___ ist?
5. du ein Fan von ___ bist?

Wie fragst du jemanden, ...
6. was er an diesem Wochenende tut?
7. wann ihr zurückkehrt?
8. ob etwas klappt?
9. ob seine Eltern einverstanden sind?
10. ob du deinen Freund einladen darfst?

2 Wortschatz

Note les hobbys avec l'article défini. | Schreibe die Hobbys mit dem bestimmten Artikel auf.

1. ______________________
2. ______________________
3. ______________________
4. ______________________
5. ______________________

6. ______________________
7. ______________________
8. ______________________
9. ______________________
10. ______________________

3 Die Verben

Complète. | Ergänze die Sätze mit den richtigen Formen der Verben.

faire

1. – Tu aimes le sport?
   – Oui.
   – Qu'est-ce que tu ______________?
   – Je ______________ du foot et du tennis.

2. – Qu'est-ce que vous ______________?
   – Nous ______________ une balade.
   – Et les garçons?
   – Ils ______________ de l'athlétisme.

vouloir/pouvoir

1. – Papa, est-ce qu'on ______________ regarder la télé?
   – Qu'est-ce que vous ______________ regarder?
   – Nous ______________ regarder un DVD avec Mélanie Laurent.

2. – Nous ________________ faire une balade dimanche.

– Je ________________ inviter des copains?

– D'accord, tu ________________ inviter un copain ou une copine.

4 Das Verb *faire de* + bestimmter Artikel

Qu'est-ce qu'ils font? | Was machen sie? Schreibe Sätze mit *faire de* + bestimmter Artikel in dein Heft.

1 
2 
3 
4 

5 Die Verneinung

Verneine die Sätze und verwende *ne ... pas*. Schreibe in dein Heft.

1. Léo téléphone.
2. Théo invite Clara.
3. Amandine aime les week-ends en famille.
4. Karim veut jouer avec sa sœur.

6 Die Frage mit *est-ce que*

Lis les réponses et retrouve les questions. | Stelle die richtigen Fragen zu den vorgegebenen Antworten.

1. Non, je n'aime pas la musique classique. ________________
2. Oui! J'ai un chat et une perruche. ________________
3. Non, je ne joue pas avec mon frère. ________________

7 Hören und verstehen

CD 44

Lies dir zuerst die Aufgaben genau durch und hör dir dann den Hörtext an.

a **Um was für ein Gespräch handelt es sich?** ________________

b **Qui parle? Coche la bonne case. | Wer spricht? Kreuze an.**

☐ Annie ☐ l'oncle ☐ Félix ☐ Philippe ☐ la cousine ☐ Cécile ☐ Paul ☐ la tante

c **Coche la bonne case.**

	vrai	faux
1. Paul est le cousin de Cécile.	☐	☐
2. Philippe est le frère de Cécile.	☐	☐
3. Paul invite Cécile.	☐	☐
4. Samedi, Cécile ne peut pas.	☐	☐
5. Philippe veut faire du vélo.	☐	☐
6. Philippe demande à son père.	☐	☐
7. Ils rentrent à dix heures.	☐	☐

Solutions, p. 83

Annexe

Solutions Fais le point

UNITÉ 1 (Fais le point, S. 18–19)

1 **a** 1. Bonjour, Monsieur. / Bonjour, Madame.
2. Je m'appelle ___.
3. Je suis de ___.
4. Je suis **nouveau** à Strasbourg. Je suis **nouvelle** à Strasbourg.
5. Je ne sais pas.

b 1. Tu t'appelles comment?
2. Ça va?
3. Tu es de Strasbourg?
4. Tu es en sixième A?

Wenn du Schwierigkeiten hattest:
▶ Übe noch einmal die Rubrik *Qu'est-ce qu'on dit?* in den *Repères* auf S. 22.
▶ Löse dann die Förderübung im Beiheft, S. 3/1.

2 1. le/la professeur, 2. l'école, 3. la fille, 4. les amis, 5. la classe, 6. les garçons, 7. la cour, 8. les élèves, 9. l'amie, 10. le surveillant, 11. la rentrée, 12. la récréation

▶ Übe die Vokabeln mit den Artikeln mit Hilfe der Wortliste auf S. 180, indem du immer eine Spalte abdeckst.
▶ Löse dann die Förderübung im Beiheft, S. 4/2.
Tipp: Schreibe dir die männlichen Nomen ***blau***, die weiblichen ***rot*** auf, so kannst du sie besser behalten. Lerne die Nomen gleich mit dem richtigen Artikel!

3 1. – Vous **êtes** le professeur?
– Non, je **suis** le surveillant.
2. – Tu **es** en sixième?
– Non, je **suis** en cinquième.
3. – Vous **êtes** les élèves de Monsieur Martel?
– Oui, nous **sommes** dans la classe de Monsieur Martel.
4. – Ils **sont** dans la classe de Karim?
– Alors Noah, oui, il **est** en cinquième avec Karim. Yasmine, non. Elle **est** en sixième.
5. – Yasmine, c'**est** qui?
– C'**est** l'amie de Clara.

▶ Schau dir die *Repères* auf S. 23/2 an.
▶ Löse die Förderübung im Beiheft, S. 4–5/3.
Tipp: Eine Verbkonjugationstabelle findest du auf S. 174.

4 1. – **Tu** t'appelles Simon?
– Non, **je** m'appelle Samuel.
2. – Noah est dans la classe de Yasmine?
– Non, **il** est dans la classe de Jade.
3. – Et Clara?
– **Elle** est dans la classe de Yasmine.
4. – Clara et Yasmine sont en sixième?
– Oui, **elles** sont en sixième A.
5. – Et Théo et Lukas?
– **Ils** sont aussi en sixième A.
6. – Noah et Jade sont avec Karim?
– Oui, **ils** sont ensemble en cinquième B.

▶ Hast du Fehler gemacht? Dann löse die Förderübung im Beiheft, S. 5/4.

UNITÉ 2 (Fais le point, S. 38–39)

1

1. Dans ma chambre, il y a une armoire et un hamac.
2. La télécommande est sur l'étagère.
3. Joue avec moi, s'il te plaît.
4. Non, pas maintenant, je travaille.

Wenn du die Redewendungen der Unité 2 noch nicht so gut kannst,
▶ übe noch einmal mit der Rubrik *Qu'est-ce qu'on dit?* (S. 40).
▶ Löse dann die Förderübung im Beiheft, S. 6/1.

2

une armoire
un ordinateur
un stylo
une étagère
une collection
un biscuit
une minichaîne
une chambre
un appartement
une télécommande

Hattest du Probleme mit den unbestimmten Artikeln und den Nomen?
▶ Schreibe eine Liste mit allen neuen Nomen der Unité 2 (Wortliste, S. 185–190) und schreibe die männlichen Nomen in ***blau*** und die weiblichen Nomen ***rot***.
▶ Löse dann die Förderübung im Beiheft, S. 6/2.

3

Dans la chambre de Louise, il y a des bédés et des biscuits **sur** le lit. Les CD sont **sous** la table et les stylos **derrière** l'ordinateur. La minichaîne est **dans** l'armoire, **à droite** et les livres, **à gauche**. La guitare est **devant** l'armoire. Le shampoing est **sur** l'étagère **entre** les pierres et la lampe.

Wenn du Fehler mit den Präpositionen gemacht hast,
▶ sieh dir die Präpositionen in der Wortliste noch einmal an, S. 187.
▶ Löse dann die Förderübung im Beiheft, S. 7/3.

4

Dans la cour, il y a des garçons, des filles, des surveillants/professeurs, une table, une chaise, des livres, des pierres, des biscuits, un ordinateur, un hamac.

Wenn du Probleme mit der Lösung der Aufgabe hattest,
▶ sieh dir die *Repères* auf S. 40/1 noch einmal an.
▶ Löse dann die Förderübung im Beiheft, S. 7/4.

5

Voilà **une** chambre. C'est **la** chambre de Léon. Dans **la** chambre de Léon, il y a **un** coin bédé avec **des** posters et **une** collection de figurines. Et sur l'étagère, il y a **la** collection de bédés de Léon.

Hast du Fehler gemacht?
▶ Sieh dir den Abschnitt 1 der *Repères* (S. 40) noch einmal an und löse dann die Förderübung im Beiheft, S. 7/5.

6

1. Yasmine travaill**e** avec Clara. Après, elles écout**ent** des CD et chant**ent**.
2. – Vous cherch**ez** des informations sur Internet avec moi?
   – Non, pas maintenant. Nous travaill**ons**.
3. – Tu regard**es** des photos?
   – Oui, je cherch**e** des photos de l'école.
4. – On écout**e** un CD ensemble?
   – Non! Tu m'énerv**es**! Je téléphon**e**.
5. Les garçons regard**ent** la télé. Après, Karim jou**e** avec Zorah.

Wenn du Schwierigkeiten mit der Konjugation der Verben hattest,
▶ sieh dir den Abschnitt 2 der *Repères* (S. 41) noch einmal an.
▶ Löse dann die Förderübung im Beiheft, S. 8/6.

UNITÉ 3 (Fais le point, S. 58–59)

1 Voilà le quatre, le treize, le deux, le douze, le neuf, le quinze, le un, le cinq, le huit, le seize, le dix, le dix-huit, le onze, le quatorze, le six, le dix-sept, le sept, le trois, le vingt et le dix-neuf.

Wenn dir die Zahlen nicht eingefallen sind:
▶ Schlage auf S. 173 nach und übe, indem du die Spalte mit den ausgeschriebenen Zahlen abdeckst.
▶ Löse die folgende Übung: *Carnet*, S. 50/5.

2

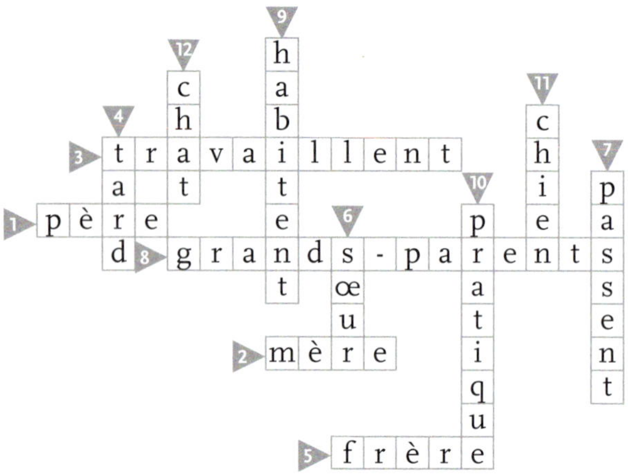

Wenn du die Vokabeln nicht behalten hast:
▶ Wiederhole die Rubrik *Qu'est-ce qu'on dit?* / „Du erzählst von deinem Familienalltag" in den *Repères* auf S. 59.
▶ Übe noch einmal mit der Wortliste auf S. 190–198.
Du wusstest das passende Verb, konntest es aber nicht konjugieren:
▶ Schlage in der Verbliste auf S. 174 nach.
▶ Löse dann die Förderübung im Beiheft, S. 8/1.

3 Salut, moi c'**est** Ambre! J'**ai** 13 ans. Je **suis** en cinquième, dans une école de Strasbourg. À la maison, nous **sommes** trois enfants. J'**ai** un frère et une sœur, Arthur et Anabelle. Ils **ont** 14 et 15 ans. Ils **sont** cool. Mon frère **est** dans un groupe de rock. Ma sœur et moi, nous **avons** une collection de bédés. Il y **a** aussi Toby, le chien. Et vous, vous **avez** des frères et sœurs? Vous **êtes** aussi de Strasbourg?

Hast du Probleme mit der Konjugation von *avoir*?
▶ Sieh dir den Abschnitt 2 in den *Repères* auf S. 60 an.
▶ Löse dann die Förderübung im Beiheft, S. 9/2.
Tipp: In der Verbliste auf S. 174 findest du die Konjugation von *être* und *avoir*.

4 Salut Laurie!
Voilà des photos de **mon** école. Les filles et les garçons, ce sont **mes** copains. Il y a Fiona et Jil. Fiona est toujours avec **sa** guitare et Jil avec **ses** bédés. Entre **mes** deux copines, c'est Mehdi avec **son** frère Sami. Il est très sympa aussi. Il n'est pas dans **ma** classe, mais en cinquième.
Toi et **tes** parents, ça va? **Ton** adresse, c'est toujours 3, place Bellecour à Lyon? J'ai toujours **ton** livre sur les animaux!
À plus, **ta** copine, Sara.

Wenn du mit den Possessivbegleitern Schwierigkeiten hattest:
▶ Sieh dir den Abschnitt 1 in den *Repères* auf S. 59 an.
▶ Löse dann die Förderübung im Beiheft, S. 10–11/3.

5 1. chien – intelligent, 2. frères et sœurs – bavards, 3. chambre – jolie, 4. tantes – bavardes, 5. cousins – sympa

Wenn du das Adjektiv nicht richtig angeglichen hast:
▶ Sieh dir den Abschnitt 3 in den *Repères* auf S. 60 an.
▶ Löse dann die Förderübung im Beiheft, S. 11/4.

6
1. ≠ Ses parents rentrent tôt.
2. ≠ La photo est jolie.
3. ≠ C'est super. / C'est trop cool. / C'est bien.
4. ≠ Ses parents sont séparés.
5. ≠ Ma mère travaille.
6. ≠ Mon lapin est moche. / Mon lapin a un caractère de chien. / Mon lapin est pénible.

Wenn dir die Vokabeln oder die Redewendungen nicht eingefallen sind:
▶ Wiederhole sie mit Hilfe der Rubrik *Qu'est-ce qu'on dit?* in den *Repères* auf S. 59 und der Wortliste auf S. 190–198.
▶ Sieh dir den Abschnitt 7 im Methodenteil, S. 160, an.
▶ Löse dann die Förderübung im Beiheft, S. 11/5.

UNITÉ 4 (Fais le point, p. 78–79)

1 1. J'aime le rap. 2. Je n'aime pas le sport. 3. Je déteste l'athlétisme. 4. Ma chanteuse préférée, c'est ___. 5. Je suis fan de ___. 6. Qu'est-ce que tu fais ce week-end? 7. On rentre à quelle heure? 8. Ça marche? 9. (Est-ce que) tes parents sont d'accord? 10. (Est-ce que) je peux inviter mon copain?

Wenn du Schwierigkeiten mit der 1. Aufgabe hattest,
▶ lerne die Redewendungen noch einmal mit der Rubrik *Qu'est-ce qu'on dit?* (S. 77).
▶ Löse dann die Förderübung im Beiheft, S. 12/1.

2 1. le foot, 2. la guitare, 3. le ski, 4. le tennis, 5. les percussions, 6. la bédé, 7. le vélo, 8. la danse, 9. l'aviron, 10. le théâtre

Wenn das nicht so gut geklappt hat,
▶ lerne die Sportarten und Hobbys noch einmal mit der Wortliste (S. 198–202).
▶ Löse dann die Förderübung im Beiheft, S. 12/2.

3 **faire**

1. – Tu aimes le sport? – Oui. – Qu'est-ce que tu **fais**? – Je **fais** du foot et du tennis.
2. – Qu'est-ce que vous **faites**? – Nous **faisons** une balade. – Et les garçons? – Ils **font** de l'athlétisme.

vouloir/pouvoir

1. – Papa, est-ce qu'on **peut** regarder la télé?
   – Qu'est-ce que vous **voulez** regarder?
   – Nous **voulons** regarder un DVD avec Mélanie Laurent.
2. – Nous **voulons** faire une balade dimanche.
   – Je **peux** inviter des copains?
   – D'accord, tu **peux** inviter un copain ou une copine.

Wenn du die Verbformen noch nicht gut beherrschst,
▶ lerne die drei Verben mit Hilfe der Liste der Verben (S. 175).
▶ Lege eine Verbkarteikarte (*Carnet*, S. 84) für die Verben *faire*, *pouvoir* und *vouloir* an.
▶ Löse dann die Förderübung im Beiheft, S. 13/3.
▶ Schreibe danach die Formen der drei Verben auswendig auf.

4 1. Elle fait de la guitare.
2. Il fait du vélo.
3. Ils font de l'athlétisme.
4. Il fait des percussions.

Hast du den falschen Artikel bei den Nomen genommen?
▶ Dann lerne die Nomen noch einmal mit dem richtigen Artikel (Wortliste, S. 198–202).
Hast du die Präposition *de* nicht richtig mit dem bestimmten Artikel verbunden?
▶ Dann löse die Förderübung im Beiheft, S. 13/4.

5 1. Léo **ne** téléphone **pas**. 2. Théo **n'**invite **pas** Clara. 3. Amandine **n'**aime **pas** les week-ends en famille. 4. Karim **ne** veut **pas** jouer avec sa sœur.

▶ Lies dir Abschnitt 3 der *Repères* (S. 78) noch einmal durch, und mach dir klar, wo die Verneinungswörter *ne ... pas* im Satz stehen.
▶ Löse dann die Förderübung im Beiheft, S. 13–14/5.

6 1. Est-ce que tu aimes la musique classique?
2. Est-ce que tu as des animaux?
3. Est-ce que tu joues avec ton frère?

Hattest du Schwierigkeiten, die richtige Frage zu finden?
▶ Lies dir den Abschnitt 5 der *Repères* (S. 78) durch.
▶ Löse die Förderübung im Beiheft, S. 14/6.

7 **a** Es handelt sich um ein Telefongespräch.

b Philippe, Cécile, Paul

c 1. faux, 2. vrai, 3. vrai, 4. vrai, 5. vrai, 6. faux, 7. faux

Hattest du Schwierigkeiten beim Verstehen?
▶ Bearbeite die Förderübung im Beiheft, S. 14–15/7.

INFINITIF	*Terminaison*	*Régulier* ☐ *Irrégulier* ☐	*Particularité*
	*PRÉSENT* Je/J'		*IMPÉRATIF*
	Tu		
	Il/Elle/On		
	Nous		
	Vous		
	Ils/Elles		
se conjugue comme:		*PASSÉ COMPOSÉ*	
IMPARFAIT		*FUTUR*	

© 2013 Cornelsen Schulverlage GmbH, Berlin

INFINITIF	*Terminaison*	*Régulier* ☐ *Irrégulier* ☐	*Particularité*
	*PRÉSENT* Je/J'		*IMPÉRATIF*
	Tu		
	Il/Elle/On		
	Nous		
	Vous		
	Ils/Elles		
se conjugue comme:		*PASSÉ COMPOSÉ*	
IMPARFAIT		*FUTUR*	

Nom ______________________________

Prénom ______________________________

Date de naissance ______________

Nom de mon école ______________________________

Adresse de mon école ______________________________

____

Classe ______________ Année scolaire 20______ – 20______

Mon/Ma professeur de français s'appelle ______________________________

Chez moi, on parle

____

Avec mes copains, je parle

____

Sprachen, die ich in der Grundschule gelernt habe

____

Was ich über Frankreich schon weiß

____

____

____

____

____

____

____

____

____

Was kann ich?

Hören

Ich kann ...

- Altersangaben (bis 20) und Uhrzeiten (volle Stunden) verstehen.
- Fragen über mich, meine Familie, meine Freunde, mein Zimmer, unsere Wohnung und meine Hobbys verstehen.
- ein einfaches Gespäch (über Familie, Haustiere, Zimmer, Wohnung, Hobbys) verstehen.
- die Anweisungen meines Lehrers / meiner Lehrerin im Unterricht verstehen.
- verstehen, wenn sich jemand mit mir am Telefon verabreden möchte.

Lesen

Ich kann ...

- einfache und kurze Texte zu den Themen Schule, Familie, Haustiere, Zimmer, Wohnung, Freizeitaktivitäten lesen.
- vertraute Namen und Wörter auf Schildern und Plakaten verstehen.
- Arbeitsanweisungen und Spielanleitungen in meinem Buch verstehen.
- eine Bastelanleitung lesen und verstehen.
- einfache Leserbriefe und Prospekte verstehen.
- einfache E-Mails und Blogeinträge lesen und verstehen.

Sprechen

Ich kann ...

- jemanden begrüßen und fragen, wie es ihm geht.
- mich vorstellen und sagen, wie es mir geht und mich verabschieden.
- von meinen Freunden, meiner Familie, meinen Haustieren, unserer Wohnung, meinem Zimmer, meinen Interessen berichten.

Wie lerne ich?

So erschließe ich mir neue Wörter

Wenn ich ein unbekanntes Wort sehe, überlege ich, ...

- ob ich ein ähnliches Wort schon in einer anderen Sprache kenne.
- ob Bilder und Fotos mir helfen können, das Wort zu verstehen.
- ______________________________

So merke ich mir neue Wörter

- Ich wiederhole die Vokabeln regelmäßig.
- Ich lerne die Vokabeln in einem Beispielsatz.
- Ich schreibe schwierige Wörter auf Karteikärtchen ...
- ... und ich male ein Bild dazu.
- ______________________________
- ______________________________

Hören

- Ich achte auf Geräusche und Tonfall, um herauszufinden, worum es geht.
- Bei einer Hörverstehensübung lese ich die Aufgaben vorher genau durch, um zu wissen, was ich heraushören soll.

jemanden nach seinem Namen, seinem Alter und nach seinen Interessen befragen.

Vorschläge machen und meine Meinung äußern.

Wünsche äußern.

mich mit jemandem verabreden.

sagen, was ich am Wochenende vorhabe.

Schreiben

Ich kann ...

Wörter und Sätze aus dem Buch richtig abschreiben.

einfache Notizen aufschreiben.

einen Steckbrief schreiben.

eine E-Mail / einen Blogeintrag zu den Themen meine Familie, meine Haustiere, meine Interessen schreiben.

ein Plakat gestalten.

Lesen

Um zu verstehen, wovon ein Text handelt, ...

achte ich zuerst auf die Überschrift, Bilder oder Fotos und überlege mir, was das Thema des Textes sein könnte.

Sprechen

Wenn ich ein Rollenspiel vorbereite, ...

lese ich mir die Rollenkarte genau durch und überlege zuerst, was die Person tun oder sagen soll.

notiere ich Stichwörter auf einen Zettel, bevor ich anfange.

AUTOÉVALUATION

Hier kannst du selbst überprüfen, was du in diesem Jahr gelernt hast.

Auf der Passerelle Mimram* gibst du links an, was du in den Bereichen Hören, Lesen, Sprechen, Schreiben kannst. Rechts gibst du an, welche Methoden du beim Französischlernen anwendest.

Gehe die Angaben durch und male den entsprechenden Kreis gelb, blau oder grün aus:

Das kann ich		So lerne ich
noch nicht so gut.	gelb	nie.
schon ganz gut.	blau	manchmal.
sehr gut.	grün	immer.

* **la Passerelle Mimram** Brücke über den Rhein, die Straßburg mit der deutschen Nachbarstadt Kehl verbindet

Vokabelschablone

Zum Vokabellernen kannst du dir eine Schablone basteln.
Dazu nimmst du ein weißes A4-Blatt hochkant. 7 mm vom oberen Rand entfernt ziehst du eine Linie. Auf dieser Linie markierst du die beiden Punkte, die vom rechten Rand 8 cm und vom linken Rand 7,5 cm entfernt sind. Diese Stellen schneidest du bis zur Linie ein. Nun faltest du die beiden äußeren Teile entlang der Linie nach unten (siehe Zeichnung). Fertig ist die Seite 1, *le côté français-allemand*. Willst du mit Seite 2, *le côté allemand-français*, üben, klappst du die Seitenteile einfach wieder hoch und faltest das Mittelteil entlang der Linie nach unten.

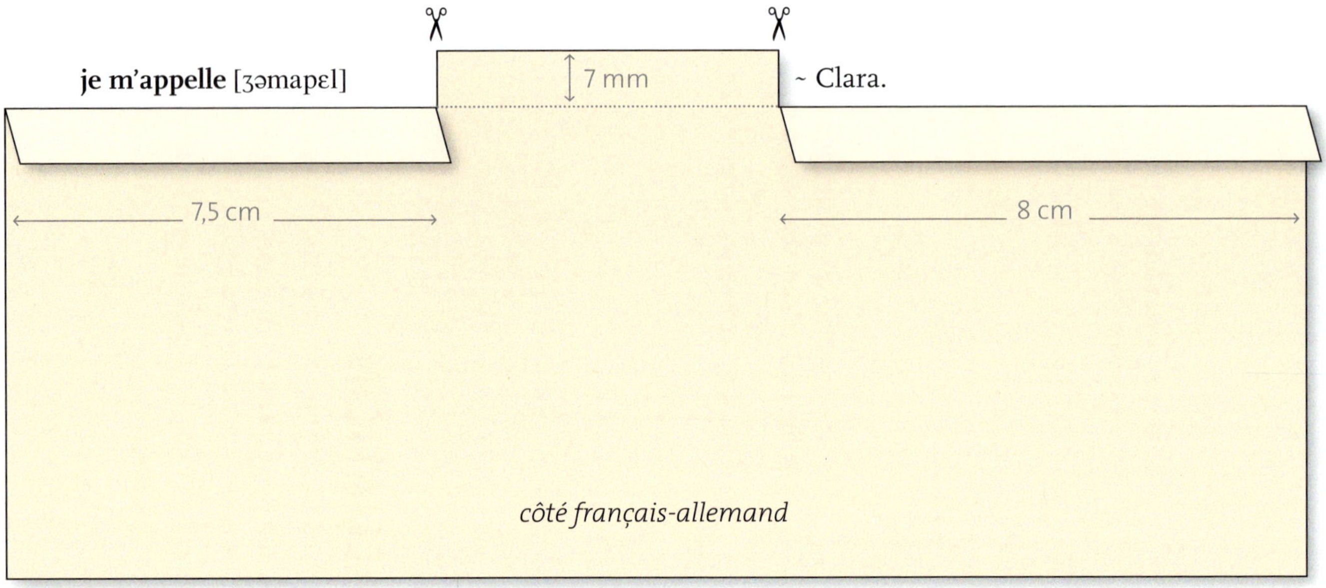

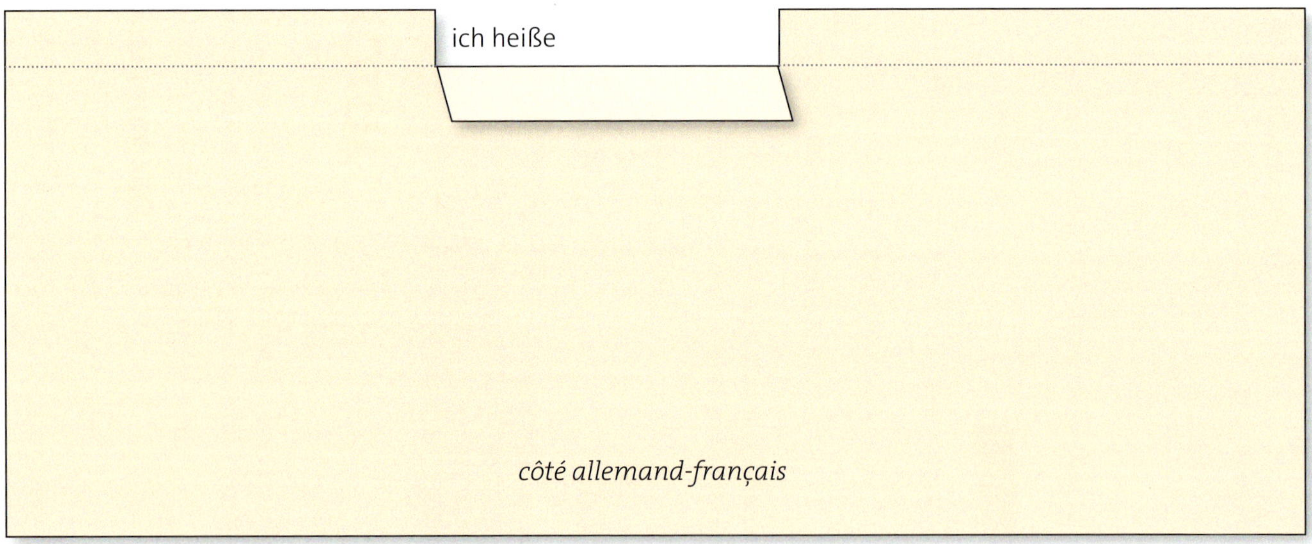

So lernst du Vokabeln mit der Schablone:

Seite 1: *français-allemand*
Lies das französische Wort. Ergänze den Satz, indem du das neue Wort an die Stelle der Tilde (~) setzt. Übersetze das Wort dann ins Deutsche. Anschließend schiebst du die Schablone nach unten und überprüfst deine Übersetzung.

Seite 2: *allemand-français*
Mit dieser Seite überprüfst du, ob du die deutschen Wörter auch ins Französische übersetzen kannst. Wenn dir der französische Ausdruck nicht gleich einfällt, schaust du unter der rechten Klappe nach und versuchst dich mit Hilfe des Satzes an den Ausdruck oder das Wort zu erinnern.

À plus! 1
Nouvelle édition

Carnet d'activités Junior 1

Förderübungen

In diesem Beiheft findest du weitere Übungen.
Sie sollen dich unterstützen, die *Fais le point*-Aufgaben erfolgreich zu lösen.

Lehrerfassung

Cornelsen

1 Qu'est-ce qu'on dit?

18|1

Ordne zu und schreibe die Sätze auf.

1 Salut, Alex! Bonjour, Madame!

Du begrüßt eine/n Freund/in. Salut, Alex!

Du begrüßt die Mutter deiner Freundin. Bonjour, Madame!

2 Il s'appelle Ivan. Tu t'appelles comment? Je m'appelle Marc. C'est qui?

Du stellst dich vor. Je m'appelle Marc.

Du fragst einen Jungen, wie er heißt. Tu t'appelles comment?

Du fragst, wer der Mann / die Frau ist. C'est qui?

Du sagst, wie dein Freund heißt. Il s'appelle Ivan.

3 C'est l'ami de Théo. C'est l'amie de Théo.

Du stellst den Freund von Théo vor. C'est l'ami de Théo.

Du stellst die Freundin von Théo vor. C'est l'amie de Théo.

4 Je suis nouvelle à l'école. Je suis nouveau à l'école.

Théo sagt, dass er neu in der Schule ist. Je suis nouveau à l'école.

Lara sagt, dass sie neu in der Schule ist. Je suis nouvelle à l'école.

5 Au revoir, Monsieur. Salut, à demain.

Du verabschiedest dich von deinem Lehrer. Au revoir, Monsieur.

Du verabschiedest dich von deinen Freunden. Salut, à demain.

Hast du alle Wörter richtig geschrieben? Lies deine Sätze noch einmal Korrektur.

18|2 2 Wortschatz / Der bestimmte Artikel

a Ordne die Nomen mit dem bestimmten Artikel in die richtige Tabelle ein.

fille garçon professeur récréation surveillant ami amie
école rentrée surveillante élève classe cour cahier

le/l'	la/l'
le garçon, le professeur, le surveillant, l'ami,	la fille, la professeur, la récréation, l'amie,
l'élève, le cahier	l'école, la rentrée, la surveillante, l'élève,
	la classe, la cour

b Setze die Nomen in den Plural.

les	
les garçons, les professeurs, les surveillants,	les filles, les professeurs, les récréations,
les amis, les élèves, les cahiers	les amies, les écoles, les rentrées,
	les surveillantes, les élèves, les classes,
	les cours

19|3 3 Das Verb *être*

a Ergänze die fehlenden Formen.

Je suis — nous sommes

tu es — vous êtes

il est — ils sont

elle est — elles sont

on est

b Korrigiere mit Hilfe der *Repères*, S. 23/2.

c Ergänze die Sätze mit der richtigen Form von *être*.

19|4 **4 Das Personalpronomen**

a Setze für die Personen die richtigen Personalpronomen ein.

 Noah = il

 Yasmine et Clara = elles

 Jade = elle

 Théo et Lukas = ils

 Théo, Clara et Lukas = ils

b Wähle das richtige Personalpronomen aus und vervollständige die Sätze.

1. – Victor et Laura sont dans la classe de Clara?
   – Non, ils (elles/ils) sont dans la classe de Jade.
2. – Anna est en cinquième?
   – Oui, elle (elle/il) est en cinquième B.
3. – Vous (tu/vous) êtes Madame Morin?
   – Non, je (je/elle) suis Madame Poussin.
4. – Vous (ils/vous) êtes les élèves de la sixième A?
   – Non, nous (nous/ils) sommes les élèves de la cinquième B.

Unité 2

38|1 1 Qu'est-ce qu'on dit?

a Wie sagst du auf Französisch? Ordne richtig zu. (▶ Repères / Qu'est-ce qu'on dit?, p. 40)

Du zählst auf, was sich in deinem Zimmer befindet.	1	a	La télécommande est sur l'étagère.
Du sagst, wo sich ein Gegenstand befindet.	2	b	Dans ma chambre, il y a une armoire et un hamac.
Du forderst jemanden auf, mit dir zu spielen!	3	c	Non, pas maintenant.
Du sagst, dass du im Moment etwas nicht machst.	4	d	Joue avec moi, s'il te plaît.

(1 – b, 2 – a, 3 – d, 4 – c)

b Wie fragst du auf Französisch? Ordne richtig zu.

Du fragst jemanden, was sich in seinem Zimmer befindet.	1	a	Tu joues avec moi?
Du fragst jemanden, was er in seinem Zimmer macht.	2	b	Qu'est-ce qu'il y a dans ta chambre?
Du fragst jemanden, ob er mit dir spielt.	3	c	On écoute un CD ensemble?
Du fragst jemanden, ob er mit dir gemeinsam eine CD hört.	4	d	Qu'est-ce que tu fais dans ta chambre?

(1 – b, 2 – d, 3 – a, 4 – c)

38|2 2 Wortschatz

Retrouve les mots et écris-les en bleu ou en rouge avec l'article indéfini *un* ou *une*. | Finde die Nomen wieder und ordne sie in den richtigen Kasten ein. Schreibe die männlichen Wörter blau, die weiblichen rot mit dem entsprechenden Artikel *un* oder *une* auf. (▶ Liste des mots, p. 224)

erbmahc tiucsib ednammocélét eniâhcinim noitcelloc ruetanidro olyst erègaté eriomra elocé tnemetrappa

38|3 3 Ortsangaben

Complète. Utilise *sur, sous, à gauche, à droite, dans, devant, derrière.*

1. C'est ___dans___ l'armoire?
2. C'est ___sous___ la table?
3. C'est ___sur___ l'étagère?
4. C'est ___dans___ la classe?
5. C'est ___à droite___ ?
6. C'est ___à gauche___ ?
7. C'est ___devant___ l'école?
8. C'est ___derrière___ l'école?

39|4 4 Die unbestimmten Artikel und die Nomen im Plural

Un, une **oder** *des*? | **Schreibe einen unbestimmten Artikel im Singular** *(un, une)* **vor die Nomen im Singular und den unbestimmten Artikel im Plural** *(des)* **vor die Nomen im Plural.**
(▶ Liste des mots, p. 185)

___une___ minichaîne ___des___ chaises ___des___ étagères ___un___ hamac ___une___ télé

___des___ ordinateurs ___des___ biscuits ___des___ bédés ___des___ livres ___un___ lit

39|5 5 Der bestimmte und der unbestimmte Artikel

a Setze den passenden unbestimmten Artikel im Singular oder im Plural ein.
(▶ Liste des mots, p. 185)

le lit → ___un___ lit la table → ___une___ table l'armoire → ___une___ armoire

les bédés → ___des___ bédés l'ordinateur → ___un___ ordinateur les chaises → ___des___ chaises

b Complète. Utilise *un/une/des* **ou** *le/la/l'/les.* | **Bestimmt oder unbestimmt? Ergänze mit dem richtigen Artikel.**

1. Voilà ___un___ appartement. C'est ___l'___ appartement de Mme Masson.
2. Voilà ___une___ chambre. C'est ___la___ chambre de Jade.
3. Dans ___la___ chambre de Jade, il y a ___un___ lit, ___une___ table, ___des___ étagères.
4. ___Le___ lit est entre ___la___ table et ___les___ étagères.

39|6

6 Die Verben auf *-er*

a Range les formes des verbes. | Ordne die Verbformen richtig ein. (▶ Les verbes, p. 174)

1 travaille 3 chantez 5 regardent 7 jouent 9 rêves
2 écoute 4 cherchons 6 téléphones 8 chattons 10 rentrez

	Je/J' Il/Elle/On	Tu	Nous	Vous	Ils/Elles
1	travaille	travailles	travaillons	travaillez	travaillent
2	écoute	écoutes	écoutons	écoutez	écoutent
3	chante	chantes	chantons	chantez	chantent
4	cherche	cherches	cherchons	cherchez	cherchent
5	regarde	regardes	regardons	regardez	regardent
6	téléphone	téléphones	téléphonons	téléphonez	téléphonent
7	joue	joues	jouons	jouez	jouent
8	chatte	chattes	chattons	chattez	chattent
9	rêve	rêves	rêvons	rêvez	rêvent
10	rentre	rentres	rentrons	rentrez	rentrent

b Complète par les formes qui manquent. | Vervollständige die Tabelle. (▶ Les verbes, p. 174)

Unité 3

58|2

1 Wortschatz

a Vervollständige die Sätze mit dem passenden Nomen/Verb.

1. Le ___frère___ de Daniela s'appelle Antoine. (oncle / frère / sœur)
2. Et Geronimo, c'est qui? C'est son ___chat___ (profs / amis / chat)
3. La ___sœur___ de Marie s'appelle Indi-Anna. (sœur / amie / école)
4. Le père de Théo ___travaille___ à Paris. (habitent / travaille / téléphoner)
5. Il ___passe___ le week-end avec sa famille à Strasbourg. (rêve / cherche / passe)
6. Théo et sa sœur ___regardent___ la télé ensemble. (jouent / regardent / écoute)

b Nach welchen Kriterien hast du deine Wahl getroffen?

58|3

2 Die Verben *être* und *avoir*

a Complète le tableau. | **Fülle die Tabelle aus: Kreuze das passende Hilfsverb an und schreibe den kompletten Satz ab.**

	avoir	être	
Elle ? en cinquième.	☐	☒	Elle est en cinquième.
Nous ? un chien et un chat.	☒	☐	Nous avons un chien et un chat.
Tu ? sympa!	☐	☒	Tu es sympa!
Mon ami ? un hamac.	☒	☐	Mon ami a un hamac.
Vous ? le CD de ZAZ?	☒	☐	Vous avez le CD de ZAZ?
Je/J' ? un frère.	☒	☐	J'ai un frère.
Je/J' ? 14 ans.	☒	☐	J'ai 14 ans.
On ? des cousins à Berlin.	☒	☐	On a des cousins à Berlin.
Nous ? dans la classe de Clara.	☐	☒	Nous sommes dans la classe de Clara.
Mes cousins ? deux tortues.	☒	☐	Mes cousins ont deux tortues.
Elles ? adorables!	☐	☒	Elles sont adorables!
Je/J' ? moche!	☐	☒	Je suis moche!
Tu ? des frères et sœurs?	☒	☐	Tu as des frères et sœurs?
Toi et tes parents, vous ? de Leipzig?	☐	☒	Toi et tes parents, vous êtes de Leipzig?

b *Être* **ou** *avoir*? **Complète.** | **Lies den Text und ergänze mit den richtigen Verbformen von** *être* **und** *avoir*.

Salut! Moi, c'est Élodie, j'___ai___ treize ans. Marion et moi, nous ___sommes___ au collège Mistral, à Marseille. Marion, c'est ma sœur. Elle ___a___ dix ans et elle ___est___ super intelligente. Mes parents ___sont___ profs. Ils ___ont___ une collection de livres, moi j'___ai___ un coin CD dans ma chambre, et puis nous ___avons___ aussi des DVD. Alors à la maison, il y a des étagères partout!

Mais je ___suis___ bavarde! Tu ___as___ quel âge? Tes parents et toi, vous ___êtes___ aussi de Marseille? Tu ___as___ des frères et sœurs? À plus! Élo

59|4 **3** Die Possessivbegleiter

a Coche et écris le pluriel des noms. | Kreuze an. Setze die Possessivbegleiter und die Nomen in den Plural.

	mon, ton, son ♂	*mon, ton, son* ♀ vor Vokal	*ma, ta, sa* ♀	
activité		X		mes, tes, ses activités
oncle	X			mes, tes, ses oncles
animal	X			mes, tes, ses animaux
CD	X			mes, tes, ses CD
chat	X			mes, tes, ses chats
collection			X	mes, tes, ses collections
étagère		X		mes, tes, ses étagères
poster	X			mes, tes, ses posters
tortue			X	mes, tes, ses tortues
amie		X		mes, tes, ses amies

b Complète. | Ergänze mit dem richtigen Possessivbegleiter aus a.

1 Bienvenue chez moi! Voilà ___ mes ___ parents avec ___ ma ___ sœur. La fille sur le lit, c'est ___ mon ___ amie Aurélie et là dans le hamac, il y a ___ mon ___ lapin Jack. Il est toujours là!

2 – C'est bien chez toi et elle est sympa, ___ ta ___ chambre! Ce sont ___ tes ___ animaux?

– Le poisson et les tortues oui. Mais Fido, c'est le chat de ___ ma ___ sœur.

– Et ___ tes ___ tortues, elles s'appellent comment? Oh, regarde, Fido joue avec ___ ton ___ poisson!

3 – Où est le CD des BB Brunes?

– Regarde dans la chambre de Paul, sur _son_ étagère, à droite de _sa_ collection de figurines.

Ses CD sont là et le CD des BB Brunes aussi.

59|5 4 Das Adjektiv

Mon **animal** est joli/~~jolie~~.

Mon **amie** est intelligente/~~intelligent~~.

Les **amis** de ma copine sont ~~bavardes~~/bavards.

À toi! | Auf welche Wörter / welches Wort musst du achten, um das Adjektiv richtig anzugleichen? Markiere sie/es. Streiche dann die falsche Form des Adjektivs durch.

1. Les enfants de mon oncle sont pénibles/~~pénible~~.
2. Les frères et sœurs de Tania sont ~~bavarde~~/bavards.
3. Mon chien est ~~intelligente~~/intelligent.
4. La photo avec Lola et Astrid est ~~jolies~~/jolie.

59|6 5 Qu'est-ce qu'on dit?

Trouve les paires. | Finde die Wortpaare.

être au chômage beau-père joli tôt c'est super bête être séparé la semaine

tard intelligent belle-mère être ensemble travailler moche le week-end c'est l'horreur

1. être au chômage / travailler
2. beau-père / belle-mère
3. joli / moche
4. tôt / tard
5. c'est super / c'est l'horreur
6. bête / intelligent
7. être séparé / être ensemble
8. la semaine / le week-end

78|1

1 Qu'est-ce qu'on dit?

a Ordne die Sätze richtig zu.

Du sagst auf Französisch, dass du ...

... Musik machst.	1	a	J'aime le sport.
... Sport magst.	2	b	Je n'aime pas le foot.
... das Theater liebst.	3	c	Je fais de la musique.
...Tennis vorziehst.	4	d	J'adore le théâtre.
... Fußball nicht magst.	5	e	Je déteste l'athlétisme
... Leichtathletik hasst.	6	f	Je préfère le tennis.

b Du sprichst über deine/n Lieblingssänger/in und über deine Lieblingsband. Was sagst du?

Je suis fan de ___________________________________.

Mon groupe préféré _________________, c'est ___________________.

c Wie sagst du das Folgende auf Französisch? Ordne die Sätze zu.

Du fragst jemanden, was er/sie am Wochenende vorhat.	1	a	Je t'invite.
Du lädst jemanden ein.	2	b	C'est une super idée.
Du fragst, ob er/sie einverstanden ist.	3	c	Mes parents sont d'accord
Du sagst, dass das eine gute Idee ist.	4	d	On rentre à quelle heure?
Du sagst, dass deine Eltern einverstanden sind.	5	e	Tu es d'accord? / Ça marche?
Du fragst, wann ihr zurückkommt.	6	f	Qu'est-ce que tu fais ce week-end?

78|2

2 Wortschatz

Schreibe die passenden Nomen neben die entsprechende Zahl. Schreibe männliche Nomen blau und weibliche Nomen rot.

la guitare le tennis le foot le ski la bédé les percussions la danse
le vélo le théâtre l'aviron

1. le foot
2. la guitare
3. le ski
4. le tennis
5. les percussions
6. la bédé
7. le vélo
8. la danse
9. l'aviron
10. le théâtre

78|3 **3**

Die Verben

Vervollständige die Verbformen.

faire	vouloir	pouvoir
je f a i s	je veu x	je p e u x
tu f a i s	tu veu x	tu p e u x
il/elle/on f a i t	il/elle/on veu t	il/elle/on p e u t
nous f a i s o n s	nous voul o n s	nous p o u v ons
vous f a i tes	vous voul e z	vous p o u v ez
ils/elles f o n t	ils/elles veul e n t	ils/elles p e u v ent

79|4 **4**

Das Verb *faire de* + bestimmter Artikel

a Ergänze die richtige Form von *de* + bestimmter Artikel.

~~de~~ + ~~le~~ = du   de + l' = de l'

de + la = de la   ~~de~~ + ~~les~~ = des

b Verbinde *faire de* und das Nomen. Ergänze die Sätze.

faire de + la guitare → faire de la guitare → Je fais de la guitare

faire de + le tennis → faire du tennis → Max fait du tennis

faire de + l'athlétisme → faire de l' athlétisme → Inès fait de l'athlétisme

faire de + les percussions → faire des percussions → Léa fait des percussions

79|5 **5**

Die Verneinung

Verneine die Sätze.

1. Théo regarde la télé. → Théo ne regarde pas la télé.
2. Anna aime le sport. → Anna n' aime pas le sport.
3. Amandine et Eva aiment l'aviron. → Amandine et Eva n' aiment pas l'aviron.
4. Ses parents sont d'accord. → Ses parents ne sont pas d'accord.
5. Simon travaille beaucoup pour l'école. → Simon ne travaille pas beaucoup pour l'école.

6. Elles surfent beaucoup sur Internet.

→ Elles ne surfent pas beaucoup sur Internet.

7. Vous regardez le DVD avec Dany Boon?

→ Vous ne regardez pas le DVD avec Dany Boon?

79|6

6 Die Frage mit *est-ce que*

a Stelle Fragen mit *est-ce que*.

1. Il fait de la musique. → Est-ce qu'il fait de la musique?
2. Tim est d'accord. → Est-ce que Tim est d'accord?
3. Noah aime le sport. → Est-ce que Noah aime le sport?
4. Tu aimes le foot. → Est-ce que tu aimes le foot?
5. Elles font une balade. → Est-ce qu'elles font une balade?

b Stelle Fragen mit *Qu'est-ce que …*?

1. Was machst du? → Qu'est-ce que tu fais?
2. Was macht Clara? → Qu'est-ce que Clara fait?
3. Was macht ihr? → Qu'est-ce que vous faites?
4. Was machen sie? → Qu'est-ce qu'ils/elles font?

c *Est-ce que/qu'… ?* **oder** *Qu'est-ce que/qu'… ?* **Vervollständige und übersetze die Fragen ins Deutsche.**

1. Qu'est-ce que tu aimes? — Was magst du?
2. Est-ce que tu aimes le sport? — Magst du Sport?
3. Qu'est-ce que tu fais ce week-end? — Was machst du dieses Wochenende?
4. Est-ce que tu aimes le théâtre? — Magst du Theater?

79|7

7 Hören und Verstehen

CD 45

a Hör dir den 1. Abschnitt des Hörtextes an.

Wie heißen die beiden Gesprächspartner?: Paul Cécile

b Hör dir den 2. Abschnitt des Hörtextes an.

Wen ruft Cécile? Sie ruft Philippe.

c Hör dir den 3. Abschnitt des Hörtextes an.

1. Wer spricht jetzt am Telefon?

   Paul und Philippe

2. Fährt Philippe gerne Rad?

   Ja

3. Mit wem will Paul Radfahren gehen?

   Mit seinem Onkel, seiner Tante und seiner Cousine

4. Hat Philippe am Samstag Zeit?

   Ja

d Hör dir den 4. Abschnitt des Hörtextes an.

1. Wen fragt Philippe um Erlaubnis?

   Seine Mutter

2. Ist die Person einverstanden?

   Ja

3. Um wie viel Uhr werden sie von der Fahrradtour zurückkehren?

   Um 17 Uhr

4. Um wie viel Uhr holen sie Philippe ab?

   Um 10 Uhr